Todos los libros de Linkgua Ediciones cuentan con modelos de Inteligencia Artificial entrenados por hispanistas. Pregúntale al chat de tu libro lo que desees acerca de la obra o su autor/a.

Para ebooks: Accede a nuestro modelo de IA a través de este enlace.

Para libros impresos: Escanea el código QR de la portada con tu dispositivo móvil.

Obtén análisis detallados de nuestros libros, resúmenes, respuestas a tus preguntas y accede a nuestras ediciones críticas generativas para una experiencia de lectura más enriquecedora.
La transparencia y el respeto hacia la autoría de las fuentes utilizadas son distintivos básicos de nuestro proyecto. Por ello, las respuestas ofrecen, mediante un sistema de citas, las fuentes con las que han sido elaboradas.

Antonio Mira de Amescua

La desgraciada Raquel

Edición de Vern Williamsen

Barcelona 2024
Linkgua-ediciones.com

Créditos

Título original: La desgraciada Raquel.

© 2024, Red ediciones S.L.

email: info@linkgua.com

Diseño de la colección: Michel Mallard.

ISBN rústica ilustrada: 978-84-9953-615-6.
ISBN tapa dura: 978-84-1126-655-0.
ISBN ebook: 978-84-9897-573-4.

Sumario

Brevísima presentación

La vida

Antonio Mira de Amescua (Guadix, Granada, c. 1574-1644). España.

De familia noble, estudió teología en Guadix y Granada, mezclando su sacerdocio con su dedicación a la literatura. Estuvo en Nápoles al servicio del conde de Lemos y luego vivió en Madrid, donde participó en justas poéticas y fiestas cortesanas.

La historia

Una familia judía de la España de Alfonso VIII es desterrada por éste de la ciudad de Toledo. Hacia 1270, la Crónica General de Alfonso X el Sabio alude por primera vez a un episodio de la vida de Alfonso VIII (1155-1214): en 1170, recién casado con Leonor de Aquitania, se enamoró de una judía de Toledo, Raquel, la «Fermosa», y se encerró con ella durante casi siete años olvidando a su legítima mujer y su reino.

Los nobles de la Corte decidieron matar a la judía.

Este argumento ha sido tratado, con diferentes variantes, entre otros por Lorenzo de Sepúlveda en la Romanza (1551), Lope de Vega, Luis de Ulloa y Pereyra, Juan Bautista Diamante y García de la Huerta (1772).

La judía de Toledo

Personajes

Álvar Núñez, viejo
Calvo, gracioso
Dalila, criada judía
David, padre de Raquel
Don Fernando Illán
Garci López, viejo
Música
Raquel, dama judía
Rey don Alfonso VIII
Soldados
Un criado
Un viejo
Una mujer
Zara, criada judía

Jornada primera

(Salen Raquel dama, y David, su padre.)

Raquel   Suspende de tus ojos,
padre y señor, el repetido llanto,
que te ha causado enojos,
y si mi amor puede contigo tanto
como mi confianza,
alcance amor lo que el dolor no alcanza.
   La causa que tuviste
para tanto pesar me comunica;
y si tu llanto triste
en mudas quejas su dolor explica,
pues que no sea tanto,
dígamela tu voz, mas no tu llanto.
   ¿Por qué tu pena escondes?
Mira que dando estás tormento al alma.
En fin, ¿no me respondes?
Mira que ya con tan penosa calma
el dolor engañamos.
¡O sintamos los dos o no sintamos!

David   Eres, hija, importuna
enemiga de ti, cuando engañosa
buscas que tu fortuna
te haga más infeliz por más hermosa,
apurando el veneno
que oculta el pecho de recelos lleno

Raquel   Si el mal comunicado

halla alivio en la pena que mantiene,
reparte tu cuidado,
y el dolor hará menos, que te tiene
en tan duro tormento,
ya, de puro sentir, sin sentimiento.
    Comunica tus males
y templaré al oírlos el tenerlos;
que si los hizo iguales
el amor, no se aumentan con saberlos;
y quizás al oírlos,
descansará tu pecho con decirlos.

David   Raquel, este cuidado,
que así es líquido aljófar desperdicio,
no solo en mí ha empleado
el duro golpe que me priva el juicio;
que a muchos toca siento
mas no por eso es menos mi tormento.
    Toda mi ley padece
el golpe de fortuna más airado;
que el dolor ennoblece,
siendo el honor, Raquel, el injuriado
triste y común afrenta.

Raquel   ¿No me dirás la causa?

David   Escucha atento.
    Después que Alfonso el VIII,
Rey de Castilla feliz,
entre rebeldes tinieblas
triunfante empezó a lucir,
brillando el acero armado

siempre en combate civil
de opuestos afectos, ciegas
luces de mentido ardid;
después que a sus plantas nobles
rindió la altiva cerviz
que descollaba a horizontes
presuntuoso cenit,
y después que victorioso
vio a Fernando desistir,
ceñido el sacro laurel
que usurpaba para sí;
después que fijó el imperio
y con pecho varonil
al colorido del alma
dio el valor oro matiz;
después, en fin, que engañada
envidia nueva, mentir
hizo a la edad el ardor
de experiencia juvenil;
entre diversos combates
que pudiera oprimir
mayores fuerzas, el yugo
supo al cuello sacudir,
y en repetidas campañas
contra la morisma lid
de mil victorias cargado
le vio su campo embestir,
fuera el repetir sus glorias
toda la luz reducir
del Sol a número, y todo
ese estrellado zafir
con la vista registrar

y en la memoria escribir.
De esta postrera lo digan
las Navas, donde le vi,
siendo de sus huestes todas
presuntuoso adalid,
competir con lo bizarro
y triunfar de lo gentil.
Pero, ¿para qué te canso
en contar ni repetir
victorias que han de parar
en tragedias para mí?
Vamos al caso, Raquel,
que ya no puede encubrir
el silencio tanto tiempo
la llama dentro de sí.
A Toledo llegó Alfonso,
y agradecido al feliz
triunfo que a su Dios le debe,
promulgó, en oprobio vil
de la mosaica y hebrea
ley, que para dividir
de sus cristianos vasallos
nuestra religión, salir
nos mandaba de Toledo.
Escucha; que desde aquí
empiezan, Raquel, mis penas
que en el secreto escondí
de mi dolor, porque el tuyo
en su noticia temí.
Diez días ha ya que estamos
desterrados, y de mí
ha diez días que no sé

con tan nuevo frenesí.
En este aprieto los nobles,
los ricos, que, de rabí
descendientes, a sus tribus
firmes siempre han de seguir,
hicieron junta, y Rubén,
descendiente de Leví,
nuestro pontífice sumo,
acordó que era bien ir
alguna hermosa judía
a hablar al Rey, y decir
de parte de su ley toda
que el miserable infeliz
estado de su ruina
no aumentase introducir
tan nueva mudanza al pueblo
que, olvidado del motín,
entre los hebreos vivía
quieto, seguro y feliz.
La causa que le movió
a aquesto fue el presumir
que, como el Rey es tan mozo,
en quien el ardor pueril
aun está expirando humos,
del fuego inquieto aprendiz,
puede ser que no tan firme
quiera el voto proseguir
con que a su ley sacrifica
despojos de Sinaí.
Y más, si es que la hermosura
pone con mano sutil
en la tabla de sus ojos

de su veneno el buril,
que es tan retórico el labio
si sabe bello fingir
que trueca distante unión
entre el mirar y el oír.
Persuade la hermosura
con otras voces, y así.
lo que lo atento callar,
hace lo hermoso decir.
Pareció bien este arbitrio,
y acordándose de ti,
quieren que tú misma seas
la que vayas a pedir
al Rey por tu pueblo; todos
unánimes, hija, aquí
dicen que esperan tu amparo
por más hermosa. Sufrir
debes tan nuevo cuidado.
Acuérdate de Judit,
que por libertar su pueblo
quiso arriesgarse a morir.
Por el miedo de Nabal
la prudente Abigaíl
el ímpetu resistió
de los campos de David.
No has menester pelear,
pues aunque vas a rendir,
tú en tus ojos aseguras,
triunfante victorias mil.
Ya no he podido excusarte;
sabe el gran Adonaí
cuánto intenté defenderlo,

mas, ¿cómo podré encubrir
los rayos de tu hermosura,
pasmo de Senacherib?
Esto fue lo que confuso
me tuvo, y aquesto, en fin,
lo que mi llanto ocasiona,
pues aunque es justo cumplir
el precepto de Rubén,
también es justo advertir
que hacer cebo tu hermosura,
y de su temprano abril
querer ya experimentar
la flor que empieza a salir,
es querer que se malogre
el fruto con la raíz.
¡Ay, Raquel! Cuánto lo lloro;
mejor que de Isaac, allí
el sacrificio presumo
que yo te le labro aquí,
pues si en el fuego de amor
materia haciendo de ti,
aplico la leña yo,
causa de su llama fue.
Hoy a la cumbre de Alfonso
tu subo; mas, ¡ay de mí!,
que hay incendio al abrasar
y no hay cordero al herir.
Ya te lo he dicho, Raquel;
mis miedos no hagan huir
el valor que te acompaña.
Y pues sabes resistir
las orejas a las vanas

lisonjas, por desmentir
mis temores, arma el pecho
de encantos, Circe gentil.
El árbol de Ulises lleve
tu nave, que surta oír
pueda las voces, y el sueño
burle encantos a su ardid.
Escúchate el más atento
sollozar, mas no gemir;
tus dos labios purifique
nuevo alado serafín
para bien del pueblo hebreo,
y de la fama el clarín
tu nombre eterno publique
en uno y otro confín.

Raquel (Aparte.) (¡No sé qué espíritu ardiente
tiranamente me ciega,
que a su voluntad me entrega!)
A tu gusto está obediente
    Raquel. La embajada aceto;
y si en mí libra el favor
del Rey, el pueblo, señor,
desde luego le prometo.
    No así hagáis con fe perjura
concepto, que desvanezca
en lo que el valor merezca
lo que debo a mi hermosura.
    ¿Vos de mí tal presunción?
¿Vos, sabiendo mi entereza
tenéis miedo a mi belleza?

David	No es miedo; que es prevención.
Raquel	Yo, que soberbia y altiva
	ni aun a la fama consiento
	que me alabe, porque intento
	que ella muera y que yo viva,
	pudiera negarme, avara,
	de mis ojos al crisol;
	aunque fuera Alfonso el Sol,
	sus rayos menospreciara;
	y si hago experiencia aquí
	de mi soberbia cruel,
	sabré yo rendirle a él,
	mas él no vencerme a mí;
	con que se allana el intento
	que me pone vuestra ley,
	pues solo vencer a un Rey
	tuviera por vencimiento.
David	Pues si tanto te dispones,
	oye lo que has de decir.
Raquel	No he menester persuadir
	yo con ajenas razones,
	pues si al Rey mover ordeno,
	a mi acento persuasivo,
	no irá el afecto tan vivo
	si fuera el discurso ajeno.
	Y cuando mi resistencia
	a esta victoria se obliga,
	no sufra que nadie diga
	que ayudó con su advertencia,

pues si fuere menos sabio
mi discurso en sus enojos,
yo haré que enmienden mis ojos
los errores de mi labio.
    Voy a obedecer.

David   Detente;
que si estás determinada,
no has de llevar la embajada
con traje tan indecente.
    Menos alegre el dolor
ostente tu sentimiento,
porque dos veces atento
acometa tu valor.
    Todo está ya prevenido.
¡Zara, Dalila!

(Salen Dalila y Zara con un traje de gala.)

Zara   ¿Señor?

Dalila   Aquéste es mejor color
para adornar tu vestido;
  con él representa atenta
nuestro mal y nuestro bien,
y diga el color también
lo que el corazón intenta.

Raquel   Todo a tu obediencia asiste;
mas, ¡ay de mí!

David   ¿Qué te ha dado?

Raquel	Inquieta el alma ha turbado
	este espectáculo triste.
	Aquesta pompa funesta
	que negro aparato traza,
	¿contra qué vida amenaza?
	¿Contra qué vida se apresta?
	¿Qué librea es la que advierte
	mi afecto, en dudas deshecho,
	si voy a rendir un pecho
	con las señas de una muerte?
	La voz el dolor ataja
	que tan triste agüero ofrece,
	y hasta el corazón parece
	que se viste su mortaja.
	Quitad, apartad; que estoy
	temiendo —¡lance cruel!—
	cuando he de rendirle a él,
	que yo a ser rendida voy.
David	¿Qué dices, Raquel? Advierte
	que éste es traje prevenido.
Raquel	Ya sé, señor, que es vestido,
	mas es vestido de muerte.
David	Antes ese adorno vi
	que ajena muerte traslada.
Zara	Y si tú fueras casada,
	no le temieras así.

David	Igual pronóstico ha sido
	de que triunfante has quedado,
	pues de la muerte has sacado
	despojos en el vestido.
	Mas si te ha causado enojos...

David

Igual pronóstico ha sido
de que triunfante has quedado,
pues de la muerte has sacado
despojos en el vestido.
    Mas si te ha causado enojos...

Raquel

No prosigas; que quisiera
que la misma muerte fuera,
por beberla con los ojos.
    Venga ese adorno; que así
burlarme quiero del hado;
venceré al fin mi cuidado.

David

Mientras te vistes aquí,
    aplaudiendo tu dolor,
la gente voy a juntar
que te ha de ir a acompañar.

Raquel
(Vase David.)

Guárdete el cielo, señor.
    Y pues es preciso hacer,
obediente a su precepto,
ley su mandato —¡ay de mí!—
daca, Dalila, el espejo
y tú, Zara, harás que cante
Débora entre tanto —¡ay cielos!—
por ver si de aquesta suerte
mi extraño pesar divierto.

Zara

Tú has hecho como judía
en haber tenido miedo.

(Pónle Dalila un espejo delante, empieza a vestirse, y suena música.)

Raquel   No mal mi mal acredito
si por despojos empiezo,
pues me quita lo que gozo
el logro de lo que temo;
desnude el pecho el vestido,
y vista el alma el afecto;
mas, ¿quién no teme en aquél
alegre y éste funesto?

Zara   Si tu hermosura es beldad,
mejor es dejarla en cueros.

Raquel   ¿No cantan, Zara?

Zara   Ya cantan.

Raquel   ¡Qué mal mi quietud suspendo!

Música   «A los ojos de David
Bersabé rindió su esfuerzo,
porque los ojos de un Rey
pueden más cuando hablan menos.»

Raquel   No fuera si el sagrado
del amor rindiera fueros;
que no hay imperio en las almas,
aunque hay dominio en los cuerpos.
Apriétame el pecho, Zara,
que no será nuevo aprieto,

	y al cristal de mi pureza
	defienda este muro negro.
Música	«Miróla una vez el Rey,
	y bastó a encenderle luego;
	porque, como está más libre,
	la vista de un Rey es viento.»
Raquel	Antes, no, porque un Rey tiene
	más cautivos sus afectos,
	si ha de medir advertido
	las acciones con el puesto.
	Suéltame el cabello, Zara,
	que ese adorno lisonjero,
	si ha de prender con su engaño,
	no es justo que vaya preso.
Música	«Retiróse Bersabé
	a los principios, mas luego
	el triunfo de su hermosura
	celebró correspondiendo.»
Raquel	¿Cómo se puede llamar
	triunfo el poco rendimiento?
	Dejarse vencer arguye
	o poca fortuna o miedo.
	De aquellos negros listones
	me pon lazos; que los llevo
	previniendo mi cautela,
	por si Alfonso cae en ellos.
Música	«Acabó el gustoso halago

en trágico fin sangriento,
y envuelto en sangre de Urías,
voló el amor más soberbio.»

Raquel
Calla, calla, no prosigas;
que de tu voz a los ecos
infausto culto me rinde
el amor, y en el inquieto
agüero de mi porfía
has añadido otro agüero.

Zara
Deja, señora, ese tema,
y mira que ruido siento,
señal de que ya te esperan.

Raquel
Yo también a mí me espero.

Zara
Hermosa estás, nada temas;
a un Rey vas a ver, y puesto
que de otra ley, allá van
leyes donde quieren ellos.

Raquel (Aparte.)
Vamos. (Deidad soberana,
que influyes mortal veneno,
blanca hija de las espumas,
madre del alado ciego,
a cuyo templo consagra
la inmunidad de los tiempos
de mortales acechanzas
fantásticos vencimientos;
préstale imán a mis labios,
dales a mis ojos fuego,

infunde ardor en mis voces,
llena de espíritu el pecho
contra Alfonso. Contra Alfonso
lleva el azote, hiriendo
los blancos cisnes que tiran
tu carroza por el viento.
Llega, deidad soberana,
ampara, ayuda mi intento;
así de Adonis la muerte
mienta el trágico silencio,
y así el gentílico aplauso
vuelva a consagrarte templos;
que tú ayudando cuando yo venciendo,
daremos fama y sacaremos premio.)

(Vanse. Salen Fernando Illán, galán, y Calvo, gracioso.)

Calvo

Digo, señor, que no puedo
mejor día haber tenido.

Fernando

Pero, ¿qué te ha parecido,
Calvo, la imperial Toledo?

Calvo

De ella, señor, no he gustado;
la confusión de la corte
no es para hombres de mi porte,
criados al desenfado.
   Aquí, si en palacio entramos
con ceremonias y extremos
al alba nos recogemos
y a las doce no almorzamos.
   Todo es semblante severo,

todo respecto y cuidado;
al que sale, al que ha llegado,
dándole al pie y al sombrero.
    Mejor de la guerra siento,
donde es toda la atención
cumplir con su obligación
y no hay otro cumplimiento.

Fernando
    ¿Cuándo en la corte no ha estado
la confusión más atenta
y la quietud más violenta?
Lo que yo te he preguntado
    es del sitio, del lugar.
¿Qué te parece?

Calvo
                        Señor,
que es para trepar mejor
que no para pasear;
    mas su disculpa le queda
también, cuando así le igualo,
que no puede ser muy malo
lugar donde todo rueda.
    Sus calles y sus hatajos
a cualquier vecino ofenden,
y no sé cómo se entienden
con tantos altos y bajos.

Fernando
    En vano así te querellas
de una ciudad tan hermosa
cuya fábrica famosa
compite con las estrellas.

Calvo	Aunque es buena cortesana,
	de ella apartarme procura;
	que no puede ser segura
	cosa que no fuera llana.
Fernando	La novedad con que agora
	confuso está y alterado
	el pueblo, te habrá causado
	poco gusto. ¿Quién lo ignora?
Calvo	¡Notable entereza fue
	la de Alfonso!
Fernando	Ya lo veo;
	pero en fin ningún hebreo
	quiere que en su tierra esté.
Calvo	Muy justo será el desvelo;
	mas, ¿dónde pueden parar
	si en la tierra no han de estar,
	porque ellos no han de irse al cielo?
Fernando	Mucho el vulgo lo ha sentido;
	mas, viendo tan justa ley
	se quietará; que es el Rey
	amado como temido.
Calvo	Grande ha hecho su opinión;
	mas yo no pienso decir
	bienes de él hasta salir
	bien de cierta pretensión.

Fernando	¿Pretensión tú?
Calvo	Pues, ¿qué extrañas? ¿Seré en la corte el primero que pretenda de hazañero aunque le falten hazañas?
Fernando	¿Y qué piensas pretender?

Calvo	Un cargo así del derecho
	que sea de gran provecho
	y tenga poco que hacer;
	    y esto con maña y audacia,
	entablado a lo bellaco,
	si en justicia no lo saco,
	nos valdremos de la gracia.
	    Además, que tengo ya
	un escolar, grande amigo
	y muy docto, que conmigo
	el memorial dispondrá;
	    y ajustados los contratos,
	me ofrece con su juicio
	el sacarme a mí el oficio
	porque le dé unos zapatos.

Fernando	Pues si está tan desvalido, ¿cómo para él no apetece eso mismo que te ofrece?
Calvo	No quiere; que es un perdido.
Fernando	¿Y qué oficio tu talento

espera?

Calvo	Al Rey le diré que por agora me dé el que hallare más a cuento; y haciendo de mi valor experiencia, si importuno viere que obro mal en uno, me ponga en otro mejor.

Fernando   Bien esa razón se admite,
pero ya el Rey sale aquí.

Calvo   Si se ofrece hablar de mí,
dile algo que me acredite.

(Salen Álvar Núñez, de barba, Garci López, y el Rey don Alfonso.)

Rey   Ya con eso apaciguado
quedará el reino y seguro.

Álvar   Como su quietud procuro,
nada niego a mi cuidado;
   bien es verdad que primero
el riesgo a que se exponía
tu corona proponía
porque templases severo
   tu rigor; pero ya agora,
que el lance enmienda no admite,
como la intención permite,
la solicitud mejora.

Rey
Yo espero que, apaciguado
el pueblo, mi arrojo alabe.

Garci
¿Quién como tu pueblo sabe
lo que debe a tu cuidado?

Rey
¿Fernando?

Fernando
¿Señor?

Rey
¿Adónde
has estado?

Fernando
De mi ausencia
causa ha sido la obediencia
que a tu afecto corresponde;
ocupado en visitar
toda la ciudad he andado,
como mandaste; cuidado
que no se debe olvidar.
Inquieto el vulgo parece
que está contra tus deseos
de desterrar los hebreos;
y aunque atento te obedece,
siente su falta.

Garci
No es mucho,
porque con ellos aumenta
su población y su renta.

Rey
Con sentimiento os escucho.
¿Cuánto mejor es tener

limpia de ritos tiranos,
que llena de ciudadanos
a Toledo? ¿Puede hacer
   falta a la ley verdadera
la hebrea? Como obro, debo.

Álvar (Aparte.)   (¡Qué bríos tiene el mancebo!)

Rey   Y aunque provechosa fuera,
   no quiero en esta ocasión
aumentos contra mi ley;
que para un prudente Rey
primero es la religión.
   Hierba mala que arrancar
no ha de quedar en la mía.

(Sale un criado.)

Criado   Afuera está una judía,
señor, que te quiere hablar,
   con grande acompañamiento
de hebreos, que, lastimosos,
en su semblante, llorosos,
publican su sentimiento.

Rey   Entre; mas si el fin arguyo,
mal la razón le defiende.

Álvar   Sin duda el pueblo pretende
revocar el orden tuyo.

Rey   Concocerá mi entereza,

siendo en sus quejas mayor.

(Salen Raquel, vestida de gala, y damas de acompañamiento.)

Raquel   A tus plantas, gran señor...

Rey (Aparte.)   (¡Qué desdichada belleza!)

(Míranse uno al otro y túrbase Raquel al hincar la rodilla.)

Raquel   Llega Raquel que, abatida,
                                de ti, del pueblo y del hado...
(Aparte.)   (Su presencia me ha turbado.
                                ¡Pese a la lengua encogida!)
                                    ...una infeliz...

Rey   Levantad.
(Aparte.)   (La turbación que asegura
                                hace mayor su hermosura.)

Raquel (Aparte.)   (¡Qué agradable majestad!)

Fernando (Aparte.)   (¡No vi perfección más rara!)

Calvo (Aparte.)   (¡Un prodigio es la judía!
                                ¡Lástima es, por vida mía,
                                que lleve el diablo esa cara!)

Rey   ¿Qué es vuestro intento, admirable
                                mujer?

Raquel (Aparte.)   (¡Ea, pena infiel!

Contrástele lo cruel;
no le atiendas lo agradable.)
    Dar muestras de mi pasión
quiero, cuando a tus pies llego...

Rey (Aparte.)   Proseguid, pues. (Yo estoy ciego;
mas no es culpa la atención.)

Raquel   Una mujer hebrea,
que libertar su religión desea,
viene, Alfonso, a rogarte,
con lástimas, con llanto, si ablandarte
mereciere importuna,
que hagas menos cruel nuestra fortuna.
Rey, señor soberano,
a cuyo imperio rinden más que humano
feudo los corazones,
atiende a mis razones.
Enternézcante en tanto
que te está diviertiendo triste llanto.
Los míseros gemidos
con que hiere el hebreo tus oídos,
y el humor que resuena en tus orejas,
participe del eco de mis quejas.
Torpe ya y sin aliento,
desunido el enjambre por el viento,
solo el susurro escucha
del errado destierro con que lucha.
El blanco panal deja
la solícita abeja
y el corcho desampara, a quien hacía
trabajo amargo dulce compañía,

echando menos voluntad sincera
el rubio hijo de la blanca cera.
Así desamparada
yace la sinagoga maltratada.
Al rumor de tus voces
huye el enjambre, y miden ya veloces
su error con tus deseos,
poblando el campo míseros hebreos.
Ya, por última ruina
del temido dolor que se avecina,
rendida a la pasión que los ahoga,
arruinada cayó la sinagoga,
y al mirar desunido el edificio,
llanto común lloró su precipicio.
Las tablas que Moisés guardó sagradas
segunda vez se miran quebrantadas,
y en venganza feliz de su ley santa,
llora el hebreo y el cristiano canta.
Mofa común, escarnio de la plebe,
llueve en sus voces y en sus ojos llueve,
riega el llanto contino
el trillado camino,
y florecen en vez de clavellinas
contra sus pies de abrojos y de espinas,
sangre que no derrama
pena común que a tanto dolor llama,
aunque con queja muda,
suda el afán y el sobresalto suda
vagando errantes, sin errar baldíos,
por una y otra parte los judíos.
Jerusalén segunda
Toledo es ya, cuando su llanto inunda

y de tanto concurso desterrada,
la ciudad populosa desolada
yace como viuda,
muda al ardor y al sobresalto muda.
Llorando quedará [de] noche y día
la apacible, la antigua compañía
que la hicieron amigos
los que agora la injurian enemigos.
Del amargor cautiva,
muerta al consuelo, si a la pena viva,
sus calles va regando
de nuestros sacerdotes, que llorando
acompañan las vírgenes, ultraje
del triste rostro, descompuesto el traje,
el anciano alarido
el alma arroja con cualquier gemido,
dejando sus querellas inhumanas
maltratada la plata de sus canas.
Ten piedad de nosotros, Rey famoso;
no tribute a tus triunfos tan costoso
aplauso, que llorando
mísero agüero, esté pronosticando
presagio, que desdice
de lo mucho que el hado te predice.
Con risa, y no con llanto,
debes solemnizar aplauso tanto,
o con llanto sin risa,
nuestro destierro mísero te avisa
de algún suceso extraño.
Vuelve, Alfonso, los ojos a tu engaño;
que no es, no, religión la que te mueve
a que airada se cebe

en tan humilde triunfo tu presencia
de la más abatida resistencia.
Mas, ¿qué dudo? ¿Qué temo?
Rey soberano, príncipe supremo,
a nuestro afecto atiende.
Quien te obedece más, ¿en qué te ofende?
¿La humildad con que obliga
más un vasallo, tu rigor castiga?
Vuelve, señor, los ojos,
y verás cuántos míseros despojos
tu piedad aguardando,
en lastimoso llanto están bañando
tus umbrales, que mira
oscuros la victoria con la ira,
y repitiendo males,
de lástimas cubiertos tus umbrales.
Mira cómo te aclaman
Rey victorioso; y cuando así te llaman,
segunda Ester, si no con tanta dicha,
yo sola vengo a ser de su desdicha
protectora, abogada, presumida,
por mujer, por hermosa y afligida,
diciendo en todos el afecto ansioso...

Todos   Ten piedad de nosotros, Rey famoso.

Rey   Enternecido estoy; mas no me espanto
si me habló la hermosura con el llanto;
que puede mucho, si vencer procura,
cuando el llanto hace voz de la hermosura.

Álvar   A piedad me ha movido.

Garci	Lástima la he tenido.
Fernando	Su belleza persuada, y sus razones rémoras son de humanos corazones.
Calvo	Sus lágrimas provocan a cogerlas; que tiene un llanto, a fe, como unas perlas.
Rey (Aparte.) (Aparte.)	(Turbado estoy.) Del suelo te levanta; que yo... (¡Válgame el cielo! ¡Qué loco arrojamiento! Resuelto estuve a conceder su intento; reprimirme es forzoso. No vi afecto de amor más poderoso.)
Raquel (Aparte.)	¿Qué respondes, señor? (Mi muerte temo en su decreto, y ya con más extremo en mi altivez, que ociosa se despeña, lo que falta intenté, busco halagüeña.)
Rey (Aparte.)	Yo veré el memorial. (Fieros enojos, no está en él la razón, sino en sus ojos.)
Raquel	(De ansia y congoja muerto. Búscole amante y hállole severo en esfuerzo engañoso.) Pues, Rey, señor, Alfonso generoso, si tu gusto lo advierte, lógrale, y más que sea en nuestra muerte; que ésta es más que violencia;

felicidad será por tu obediencia.

Rey (Aparte.)   (A su voz y a su vista
                 no hay poderoso esfuerzo que resista.
                 ¡Sin mí estoy! De esta suerte
                 disimulo las señas de mi muerte.)

(Vase el Rey.)

Raquel   ¿Así, señor, os vais? ¡Pena violenta!
                 (Mas, mi fácil pasión, ¿qué es lo que in-
                       tenta?)

Álvar   El Rey se ha retirado.

Garci   Mal despacho tenéis.

(Vanse Garci López y Álvar Núñez.)

Raquel   De mi cuidado
                 peor juzgo tenerle.

Fernando   Vuestra porfía debe de ofenderle.

Raquel   Pensé vencer a Alfonso, y voy vencida;
                 ni llevo libertad ni llevo vida.

(Vase Raquel.)

Fernando   Prudente el Rey se ha mostrado.

Calvo   ¡Vive Dios, que es un Nerón!

Y no tiene corazón
hombre que no se ha ablandado;
   y si me pidiera a mí
lo que a Alfonso, no se fuera
mal despachada, y no tuviera
luego el sí con otro sí.

Fernando   Por su ley es bien que el Rey
templara así esos extremos.

Calvo   También por acá queremos
muchas que no tienen ley.

Fernando   ¿Posible es que te aconseja
el deseo tal error?

Calvo   Pues dime, ¿ésta no es mejor
que no una cristiana vieja?

Fernando   Tu ignorancia lo apercibe.

Calvo   Yo, si alguna me ha agraviado,
en mi vida he deseado
saber en la ley que vive;
   y a muchos se les consiente
casarse, y no es culpa grave,
con mujeres que se sabe
que no obran cristianamente.

Fernando   En ésta el defecto es llano.

Calvo   Sin embargo, he de sentir

que, llegada a reducir,
no es mala para un cristiano.

Fernando   La ignorancia te hace errar
en tan torpe parecer.

Calvo   Mira, en cualquiera mujer
que yo persuado a pecar,
   siendo católica, obligo
dos riesgos, esto es lo cierto.
El suyo, pues la pervierto,
y el mío, pues mi error sigo.
   Y en ésta no, pues lograda
la culpa, me ofende a mí,
pues ella, así como así,
se estaba ya condenada.

Fernando   Vete; que el Rey ha llegado.

Calvo (Aparte.)   Voyme, pues. (¡Hay tal porfía?
Miren si por ser judía
desdice para el pecado.)

(Vase. Sale el Rey.)

Rey   Fernando.

Fernando   ¿Señor?

Rey (Aparte.)   (La llama
en que confuso me abraso,
mal reprimido en el pecho,

quiere exhalarse en el labio.
Perdido estoy.)

Fernando (Aparte.)   (Cuidadoso
parece que el Rey me ha hablado.
¿Qué puede ser?)

Rey (Aparte.)   (Ya es rigor
lo que sufro y lo que callo.
Sirvan de alivio mis voces;
que si la pasión ha dado
consentimiento al deseo,
será error más temerario
ocultar lo que me aflige
cuando no basto a estorbarlo.)

Fernando   Permite que afectuosa
mi duda, en tantos cuidados
como tu semblante ofrece,
sepa la causa.

Rey   Fernando,
grave es mi mal.

Fernando (Aparte.)   (¿Qué impensada
novedad es ésta?)

Rey   Y tanto,
que está en la muerte el remedio.

Fernando (Aparte.) (El corazón se ha turbado.)
¿Quién le ocasiona?

Rey	Yo mismo,
	yo soy mi mayor contrario;
	con mis potencias peleo,
	con mis sentidos batallo,
	y ellos me rinden y yo
	a defenderlo no basto.
Fernando (Aparte.)	(Notable riesgo apercibo.
	¡Válgame el cielo! ¿Si acaso
	Raquel apurarlo intenta?)
	¿Quién tan aprisa ha mudado
	a tu quietud el sosiego?
Rey	Un favor, un sobresalto,
	un ahogo, una pasión,
	un sentimiento, un cuidado,
	un frenesí, una locura,
	un fuego, un incendio, un rasgo
	de todos los males juntos;
	y en fin, para publicarlo...
Fernando	¿Es amor?
Rey	¿Por qué me atajas?
Fernando	Porque pasión tan de humano
	no es bien que tú la publiques;
	y así, el discurso adelanto.
	Que si me engaño, no pierdes
	tu autoridad, en mi engaño,
	y si acertare, te excuso

que, sacándola a los labios,
por dejarme satisfecho
te quedes tú desairado.

Rey   Amor es, pero no dudo,
aunque estimo tu reparo,
el publicarlo, porque
cuando oprobio más villano
me ha reducido, tener
atenciones es en vano.
Juzga tú cuál puede ser,
pues cuando de él no hago caso,
tiene por malo el amor
y es en mí lo menos malo.

Fernando (Aparte.) (Cierta salió mi sospecha.)
Pues permíteme arrojado
que te pregunte.

Rey   Pregunta;
mas, si has de hallar mi cuidado,
discurre primero tú
los más dudosos acasos;
porque, si al mayor no llegas,
no has de conocer el daño.

Fernando   ¿Tan extraño es el suceso?

Rey   Sí, Fernando, el más extraño
que pudiera haber movido
la fuerza de los encantos.

Fernando (Aparte.) (No hay que dudar.)
        Pues, señor,
lo breve del sobresalto
al lance que se ha ofrecido,
la prevención del reparo,
me hace pensar que Raquel
pudo...

Rey
        ¿De qué estás dudando?
Que tú lo pienses deseo.
Dilo, en tu voz me declaro,
y deja que te agradezca
el consuelo, pues es llano,
si lo juzgares posible,
que ya lo habrás disculpado.
Raquel fue; Raquel la bella,
aquel divino milagro
de hermosura me ha rendido;
toda la luz de los astros
vi en sus ojos, todo el Sol,
en negros lutos bañado.

Fernando
Pues, ¿cómo tan presto pudo
rendirte?

Rey
        Porque el contacto
de las manos, de los ojos,
cebo del pez, que animado
por la caña le introduce
al pescador su contagio,
introdujo en mí el veneno
por los ojos y las manos.

Demás de que, ¿cómo quieres
pedir ley a los acasos,
dar tiempo a los pensamientos,
buscar razón a los astros
para lo que ellos infunden?
Yo no sé más que penando
estoy desde que la vi,
y a mí me estoy preguntando
lo mismo que tú preguntas,
y responde amor a entrambos
que, pues estoy muriendo y adorando,
causa debe de haber para mal tanto.

Fernando   Permíteme que te culpe
arrojo tan temerario.

Rey   Sí, permito; mas advierte
que no es acción de vasallo
piadoso la que pretendes,
Pues mis intentos culpando,
haces mayor mi pesar
y no menor mi cuidado.

Fernando   Contraria ley es la suya.

Rey   ¿Cuándo amor no fue contrario?
Mas en el gusto, ¿quién puso
leyes ni introdujo mandos?
Pues en sus libres deseos
puedo, cuando más templado,
quitarme lo que deseo
pero no el desearlo.

Fernando	Pues, ¿cómo el ser imposible
	no te templa?

Rey	Antes me ha dado
	mayor inquietud el serlo;
	que en los afectos humanos
	como es espíritu es obra
	de alta poderosa mano,
	aquel heroico principio
	los enciende, y arrojados,
	pretenden el imposible
	no por bueno, por contrario,
	no por lo que gozar pueden,
	sino solo por gozarlo.

Fernando	No ha de ser esto querido
	de ti, sino despreciado;
	con que no está el imposible
	en ella, sino en tu estado.

Rey	No es razón que me convence,
	pues si como Rey me hallo
	superior, como hombre estoy
	sujeto. Con que, luchando
	lo hermoso con lo rendido,
	lo altivo con lo postrado,
	cuando como Rey la obligo,
	la estoy como hombre adorando,
	como humano la pretendo
	y la oigo como cristiano.

Fernando	Pues, ¿qué presumes hacer?
Rey	¿Qué he de hacer? Morir callando.
Fernando	Lástima tengo a tu pena.
Rey	¡Qué poco alivio me has dado!
Fernando	No es bien perder a mi Rey.
Rey	Y a tu amigo, ¿es bien dejarlo?
Fernando	No sé cómo responderte.
Rey	Yo sí; muriendo y penando.
Fernando	El tiempo hará que te venzas.
Rey	¿No sabes que el tiempo es falso?
Fernando	Sé que la razón conoces.
Rey	También sé que me está hablando la memoria por mi amor, y que nos repite a entrambos que, pues estoy muriendo y adorando, causa debe de haber para mal tanto.

(Vanse los dos.)

Fin de la primera jornada

48

Jornada segunda

(Dentro.)

Voces   ¡Viva Raquel! ¡Raquel viva!
                  ¡Libertadora del pueblo!

(Sale Raquel.)

Raquel   ¿Para qué queréis que viva
                  Raquel, si vive muriendo?

Voces   ¡Viva Alfonso! ¡Alfonso, viva!
                  ¡Rey piadoso y justiciero!

(Sale el Rey.)

Rey   ¿Para qué decís que viva
                  Alfonso, si Alfonso es muerto?

Raquel (Aparte.)   (De mi inquietud y mis penas
                  oculto un volcán encierro.)

Rey (Aparte.)   (De mis ansias y suspiros
                  todo un Vesuvio alimento.)

Raquel (Aparte.)   (¡Para qué me llama el Rey
                  si no es que quiere que el fuego
                  que empezó a encender su vista
                  acabe de arder mi pecho?
                  Mas, ¿qué me turbo? Quizás

de mi natural soberbio
la ambiciosa pesadumbre
descansará en su despeño.)

Rey (Aparte.)   (A Raquel llamó mi amor,
que en la inquietud que padezco,
si no puedo sentir más,
gozar más con verla puedo;
y quizá de su hermosura
el altivo, el siempre bello
desdén, a tanta grandeza
le hará la ambición trofeo.)

(Míranse.)

Raquel (Aparte.)   (Mas el Rey es el que miro.)

Rey (Aparte.)   (Mas Raquel es la que veo.)

Raquel   Señor...

Rey   Hermosa Raquel...

Raquel   ...a tus pies...

Rey   ...alza del suelo.

Raquel   ...cobarde estoy...

Rey   Yo, mortal
y sin vida...

Raquel	...y sin aliento...
Rey	...no sé cómo a hablar empiece.
Raquel	...mis turbaciones confieso.
Rey	¿Estarás ya satisfecha de mi piedad?
Raquel	Nunca menos me prometí, cuando osada profané el sagrado templo de tu piedad con mis quejas; voces de mi sentimiento; y así, señor, a tus plantas hoy, que agradecida vuelvo, ofrezco una esclava humilde, si tuya merezco serlo.
Rey (Aparte.)	(¿De qué me sirve callar? Reviente el duro veneno que en el corazón madura la triaca del silencio.) ¿Y sabes tú para qué te he llamado?
Raquel	¿Cómo puedo tus órdenes penetrar, ni alcanzar tus pensamientos?
Rey	Ésa es mi pena, Raquel; que cuando amante padezco,

	la medicina del mal
	ignore el mal de que muero.

Raquel   Pues, ¿quién causa tu pasión?

Rey   Tus ojos, bellos luceros
que abrasan lo que iluminan
y alumbran lo que encendieron;
tú mi enfermedad has sido.

Raquel   ¿Yo tu enfermedad? No entiendo
tan nuevo modo de pena.

Rey   Pues yo explicártele quiero,
porque, ya que a declararse
está el corazón dispuesto,
por mal entendido el daño,
no se disculpe el remedio.
Yo te adoro.

Raquel   No prosigas.
Templa, señor, tus afectos;
que en acciones que te pueden
equivocar el respeto,
es menos mal que en mi duda
padezca algún detrimento
mi pundonor que no el tuyo.
¿Villana acción en real pecho?

Rey   Amor es noble pasión.

Raquel   Cuando es igual el sujeto.

| Rey | En llegando a amar, le llega |
| | a hacerle igual el deseo. |

Raquel	Eso es en la voluntad,
	mas no en el entendimiento;
	y así, nunca fue seguro
	amor desigual, pues vemos
	que mal prevenidos luchan
	los dos sentidos opuestos,
	calumniando la razón
	lo que admite el pensamiento,
	y viene a quedar vencido
	el que de los dos es menos.

Rey	Si el entendimiento juzgas
	que es sentido más perfecto
	que la voluntad, te engañas;
	pues, dudoso en sus afectos,
	aquel nunca se resuelve,
	y cobarde con el miedo,
	envilece la razón
	que tuvo para el concepto;
	la voluntad, no, que heroica
	con noble, altivo denuedo
	a segundas causas nunca
	se rindió, pues previniendo
	al registro de la idea
	el examen de su empleo,
	admite como seguro
	lo que juzga como nuevo.

| Raquel | Pues de esa misma razón |

se ha de valer mi argumento;
que sentido que se vence
tan fácilmente, es muy cierto
que no acertó en la firmeza
o erró en el conocimiento.
Pasión que ciega no duda
atropellar el ingenio,
cuando más firme camina,
tropieza en el escarmiento.

Rey

No es amor el que no ciega
el discurso.

Raquel

       Ni es perfecto
amor el que a la razón
entorpeció el movimiento.

Rey

Para amar no hay más razón
que ser amable el objeto
que se elige, y esto es
siendo hermoso, siendo bello;
luego más perfectamente
amará el que más atento
hiciere en la voluntad
de lo más hermoso aprecio;
y así, con esta razón,
Raquel, disculpado quedo
de adorarte.

Raquel

       No lo admito;
que si es falso el presupuesto,
te acusará la razón

en el engaño el remedio.

Rey   ¿No eres hermosa?

Raquel   No sé;
que tan dichosa me ha hecho
en tu favor la Fortuna,
que, aunque del vulgo lo necio
en mi abono se apasione
me ha de quitar, por lo menos,
o lo hermoso en lo feliz,
o lo dichoso en lo bello.
(Aparte.)   (Vanidad, no te atropelles
cuando peligran a un tiempo
en el gusto la lisonja
y en el pundonor el riesgo.)

Rey   Confianzas de entendida,
disculpadas en lo atento,
son crédito del aplauso
con que se publica cierto.
Yo te adoro, esto es verdad.
Si es peligro, no le niego;
si en ti es excusa, no vale,
pues cuando yo estoy resuelto,
por no morir de callado,
quiero vivir de grosero.

Raquel   ¿Y quieres que yo profane,
por un fácil devaneo
de tu imaginación, todo
el pundonor que mantengo?

Rey	¿Y quieres que yo atropelle,
	por un loco, por un necio
	escrúpulo del reparo,
	todo el ardor que padezco?
Raquel	¿No fui yo la que a tus plantas
	rendida me vi al pretexto
	de la justicia? Pues, ¿cómo
	la triaca haces veneno?
Rey	¿No he sido yo el liberal
	y obligándote resuelto,
	toda una ley quebranté
	pues quebrantas todo un pecho?
Raquel	No es paga de un beneficio
	lo que ocasiona un despeño.
Rey	No es feria una piedad
	bien a trueque de un desprecio.
Raquel	No es desprecio el que es aviso.
Rey	Ni es aviso el que es sin tiempo.
Raquel	Luego, ¿resuelto a quererme
	estás?
Rey	Tanto, que primero
	que deje de amarte yo,
	dejaré de ser yo mesmo.

Raquel (Aparte.)	(Mucho su afecto me obliga, cuando está viendo mi afecto que para quererle había yo menester mucho menos. Rey es. Pues, ¿qué me acobarda? Venza su amor, y empecemos a enredar en el discurso la lisonja con el premio; pueda esta vez la ambición más que el decoro, y a trueco de un desdoro mentiroso, logre la ambición un reino.)
Rey	¿Qué dices?
Raquel (Aparte.)	(No sé qué diga; que cuando a atreverme llego, para conmigo lo allano y para con él lo temo.) Pues, señor...
Rey	No te entorpezca la voluntad el respeto; háblame como a tu amante, no como a tu Rey.
Raquel	No puedo; que ha poco que eres mi amante y ha mucho que eres mi dueño.
Rey	¡Oh, pesia al poder, si estorbo

a tus cariños ha hecho!
¿Qué dices?

Raquel   Que te reportes;
no solicites tan presto
que te dé la confianza
lo que te ha de dar el tiempo.

Rey   Luego, ¿ya vencí?

Raquel   No sé.

Rey   ¿Aún dudas?

Raquel   Aún dudo y temo;
y no te espante el cuidado,
pues más peligros advierto
que hay desde el pecho a los labios
que de los labios al pecho.
Ama tú como pudieres,
pues cuando tu amor defiendo,
siento que es fuerza estorbarle
y lo que le estorbo siento.

Rey   Pues con eso a mi esperanza
nuevos laureles ofrezco.
¡Fernando!

(Sale Fernando y hablan aparte.)

Fernando   ¿Señor?

Raquel (Aparte.)   (¿Qué dudo?
                        Amor, todo eres extremo;
                        antes de amar me temía
                        que no me amase, y resuelto,
                        cuando que me ama publica
                        liberal, que me ame temo.
                        Mas, ¿qué importa, si a la vista
                        de mi altivo pensamiento
                        del poder está triunfando
                        la vanidad y el despecho?
                        ¿No he sido yo la elegida
                        por más hermosa? Pues, cielos,
                        ¿qué venzo en mi libertad,
                        si su libertad no venzo?
                        ¿Qué consiguió mi hermosura
                        en una merced que a precio
                        suele darse de un discurso?
                        ¡Ea, cobarde atrevimiento!
                        Siga su gusto el dictamen
                        de mi natural soberbio.
                        Un Rey rendido es despojo
                        de soberano ardimiento;
                        si yo mando en su albedrío,
                        ¿quién duda que de su imperio
                        el mando también le usurpe?
                        Esto busco, aquesto quiero.
                        Pues, venza la razón
                        y eternícese el respeto.)

Fernando   Ya, una vez determinado,
                        solo servirte deseo.

Rey	Raquel, de Fernando Illán acompañada pretendo que vuelvas, mientras que yo a ser más dichoso vuelvo; que continuadas verdades harán tus temores menos.
Raquel	Acción piadosa es honrar humildades, y mi afecto siempre estimará el halago; mas siempre temerá el riesgo.
Rey	Fernando, no te descuides.
Fernando	A tus órdenes sujeto, no excederé lo que mandas.
Raquel (Aparte.)	(Alguna desdicha temo.)
Fernando (Aparte.)	(¡Tirana acción le aconseja su amor!)
Rey (Aparte.)	(Seguro con esto queda mi pecho.)
Raquel (Aparte.)	Señor, guarden tu vida los cielos. (Mal de verte me despido.)
Rey (Aparte.)	(¡Qué dolor tan lisonjero!)
Raquel (Aparte.)	(Más disimule el semblante.)

(Vanse Raquel y Fernando.)

Rey   Más espere el sufrimiento.
       Sus temores a mis penas
       amante lisonja han hecho,
       pues en ellos se acredita
       amar y no amar a un tiempo.
       Aquél que duda no niega
       aunque no concede, y vemos
       que es forzada la razón
       con la que vence su miedo.
       Que a su quinta la llevase
       es lo que a Fernando ordeno;
       que ya, una vez arriesgado,
       lo más vencerá lo menos;
       ponga la industria mi amor
       podrá el arrojo su afecto.
       Mas, gente viene a la audiencia
       loco amor, disimulemos.

(Sale Calvo con un memorial.)

Calvo   Señores, el pretender
       bien puede ser que sea honrado
       oficio; mas descansado,
       eso no lo puede ser.
        De hacer reverencias tengo
       torcido un pie y un zapato,
       y a la audiencia, sin recato,
       de pie quebrado me vengo.
        Mi sombrero no se allana

a andar siempre por el suelo,
y de no cubrirme el pelo
tengo la mollera vana.

(Aparte.) (Mas el Rey es, pesia a tal.
¡Qué brava ocasión que tengo!
Pues tomo, y ¿qué hago? Vengo
y doyle mi memorial.)

Rey ¿Qué pretendéis?

Calvo ¡Santo Dios!
No sé por dónde empezar.

Rey ¿Qué queréis?

Calvo Vengo a buscar
a su majestad. ¿Sois vos?

Rey ¿No me conocéis?

Calvo Señor,
son unos desconocidos
todos los entremetidos,
y en el palacio mejor.

Rey Yo soy el Rey. Declarar
podéis, vuestra voz dudosa.

Calvo Pues no se me ofrece cosa
en que poderos mandar.

Rey ¡Qué acciones tan desiguales!

¿No es memorial ése?

Calvo   Fue;
pero después que os vi, he
perdido los memoriales.

Rey   ¿No sois de Fernando Illán
criado?

Calvo   Y tan buen criado,
que era flaco y he engordado
después que como su pan.

Rey   Yo estimo mucho a Fernando
Illán; y así, no os turbéis,
decid lo que pretendéis.

Calvo   Eso es lo que voy buscando.
(Aparte.)   (Agora mi dicha entabla
su fortuna, por mi fe.
Bien dice el adagio que
no oye Dios a quien no habla.
   El memorial que a su vista
prevengo me le escribió
el estudiante, y sé yo
que es un profundo alquimista;
   diréle cosas famosas
si Dios le alumbró con bien,
y mi pretensión también
le escribirá, entre otras cosas.
   Yo no sé leer, pero igual
confío de su buen celo

que lo notaría el cielo.)

Rey   ¿No me dais el memorial?

Calvo (Aparte.)   Sí, señor. (De verle trata.
                        No quepo en mí de contento;
                        hoy me llevo el regimiento
                        sin pagar la media annata.)

(Dale el memorial al Rey. Léele y se ríe.)

Rey   ¿Quién tal locura previno?

Calvo (Aparte.)   (¡Qué alegre muestra el semblante!
                        Demonio era el estudiante.)

Rey   No he visto igual desatino;
                           ¿Escribisteis vos aquesto?

Calvo (Aparte.)   (Así pretendo engañarle.)
                        Sí, gran señor, y en notarle
                        mi discurso ha echado el resto.

Rey   Pues, leedlo.

Calvo (Aparte.)   (Hame cogido.)
                        Advertid, en casos tales,
                        que sé escribir memoriales,
                        pero leerlos no he sabido.

Rey (Aparte.)   (Él es simple de buen gusto.)
                        Pues si eso es así, escuchad,

y lo que pedís notad;
que yo a dároslo me ajusto.

(Lee.)   «Este hombre, en quien están
los sentidos al revés,
es tan animal, que es
lástima que coma pan;
y así, pues el nombre os dan
de justiciero, dad traza,
si acaso no os embaraza,
cuando así su gusto atiza,
que en vuestra caballeriza
le den, señor, una plaza.»

Calvo   ¿Hay más extraño suceso?

Rey   Premiaros quiero mejor.

Calvo   Volved a leerlo, señor,
que no puede decir eso.

Rey   Pues, ¿téngoos yo de engañar?

Calvo   Sí, señor...

Rey   ¡Qué sencillez!

Calvo   ...Porque los reyes tal vez
tienen gana de jugar.

Rey   De que la tuvo mejor
el que escribió, no hay dudallo.

Calvo	Bueno es hacerme caballo, queriendo ser regidor.
Rey	Con otra merced os salvo la cólera que os atiza.
Calvo	¿Calvo en la caballeriza que desciende de Laín Calvo?
Rey	Escuchad...
Calvo	Yo he de perderme.
Rey	...Un secreto.
Calvo	¿Hay tan engaño? Yo castigaré al picaño.
Rey (Aparte.)	(De aquéste pienso valerme.)

(Hablan aparte. Salen Álvar Núñez y Garci López.)

Álvar	En nombre del pueblo vengo a contradecir leal la ley derrogada.
Garci	Igual celo a mi lealtad prevengo. A Fernando y Raquel bella, que juntos salieron, fue siguiendo mi duda, y sé

	que hasta su quinta con ella
	—¡Qué liviandad!— se fue oculto.
	De todo informarle intento.
Álvar	Yo del alboroto atento
	del pueblo, que en el insulto
	del hebreo libertado
	nuevamente se recela
	alguna infeliz cautela.
Garci	La orden, como mozo, ha errado.
Rey	Al punto le seguirás,
	como te digo, avisado.
	¡Mas, Álvar Núñez ha entrado.
Calvo	Voyme, no me digáis más.

(Vase Calvo. Llega Álvar Núñez.)

Álvar	Vuestra majestad, señor,
	mire aqueste memorial.
Rey (Aparte.)	(¡Oh, cómo se llevan mal
	el gobierno y el amor!)

(Léele.)

Garci (Aparte.)	(Resolución mal mirada
	fue, sin duda, la del Rey.)
Álvar (Aparte.)	(Yo haré establecer la ley

de ciega mano borrada.)

Rey   ¡Qué necia bachillería!

(Rómpele.)

Álvar   ¿Esto es cumplir con las leyes?

Rey   Sobre el gusto de los reyes
mejor no cumplir sería.
  Y advierta cualquier atento
que enmendar quiere mi gusto,
en que no hay delito injusto
si es con mi consentimiento.
  Y, pues pretendo estorbarlos,
no hagan discursos prolijos;
que los consejos más fijos
son traición en los vasallos.

Álvar   Cuando el intento es tan justo,
no se ha de menospreciar.

Rey   Ni ninguno me ha de dar
consejos contra mi gusto.

Álvar   Bien sabéis, cuánto primero
este destierro temía.

Rey   Por contradecir sería
solo mi gusto severo.

Álvar   No fue, señor, sino ver

en el pueblo la disculpa.

Rey   Y agora en lo que culpa,
¿qué razón puede tener?

Álvar   La misma, pues de ese modo
se inquieta.

Rey   Que no se inquiete;
que lo que Alfonso promete
ha de ser antes que todo.

Garci   Mirad, señor, que hay quien diga
que a Fernando Illán ha visto...

Rey (Aparte.) (Mal mi cólera resisto;
amor a callar me obliga.)

Garci   ...que con Raquel...

Rey (Aparte.)   (¡Qué villana
malicia! ¡Qué torpe engaño!)

Garci   Porque enmendéis vos el daño
os aviso, o pues se allana
aquesta duda, advertid
que a su quinta la ha llevado.

Rey (Aparte.) (Todo está ya declarado.)
Vuestro engaño desmentid,
y no os atrevéis a hacer
discurso tan mal mirado,

porque Fernando mandado
solo sabe obedecer.

Álvar   ¿Luego...?

Rey (Aparte.)   (Cegóme el arrojo;
mucho declaré mi intento.)
Acortad el argumento
para no aumentar mi enojo.

Álvar   Es la mocedad lucida
un caballo desbocado.

Rey   Y la vejez un cansado
embarazo de la vida.

Álvar   Ella os supo establecer.

Rey   Eso le he debido a Dios;
que para ser Rey, a vos
no os he habido menester.
Y enmendad porfía tan vana,
pues tiempo para ello os doy
que lo que reprehendo hoy
sabré castigar mañana.

(Vase al Rey.)

Garci   Apenas a hablar me atrevo.

Álvar   Dudando estoy lo que miro.

Garci	Su resolución admiro.
Álvar	Yo cumplí con lo que debo.
Garci	¡Qué así ultraje, desatento, por su gusto su opinión!
Álvar	Aquestos yerros no son yerros del entendimiento, y algún consejero infiel su recto juicio ha movido.
Garci	El consejero habrá sido la hermosura de Raquel.
Álvar	¿Trocarse de Alfonso el Justo, tan presto, discurso y ley? No procede como Rey y procede como injusto.
Garci	¡Dar tal rienda al judaísmo, llevar Fernando a Raquel, volver Alfonso por él, y no volver por sí mismo!
Álvar	¡Haber sido prevención de este pueblo misteriosa que ella hablase como hermosa!
Garci	Ciertos silogismos son.
Álvar	A la mira pienso estar

y de la Reina valerme;
que, o yo tengo de perderme,
o el Rey se ha de restaurar.

Garci
          Pues, Alvar Núñez, a ser
vigilante centinela.

Álvar
          Garci López, la cautela
es la que me ha de valer.

(Vanse. Sale Zara, huyendo de Calvo.)

Zara
          ¿Hay tal porfía de hablar,
no queriendo escuchar yo?

Calvo
          Consuélate con que no
te puedo desbautizar.

Zara
          Si me escondo y si le dejo,
no hay miedo que me vea.

Calvo
          Yo te buscaré aunque sea
en el Testamento Viejo;
          mas; espera...

Zara
                    No hay que hablar.

Calvo
          Aquesa es muy buena excusa,
cuando en tu ley se usa
otra cosa que esperar.

Zara
          ¿Cómo se entra en esta casa

a hablar tan mal?

Calvo
       Aun no escampo;
porque ésta es casa de campo,
y en el campo todo pasa.
   Y con estribillo igual
quiero, porque no te asombre,
que huela la casa a hombre.

Zara
Sí, pero huele muy mal.

Calvo
Contigo sí; que de un terco
judío tu casta vino;
que aunque no huela a tocino,
siempre suele oler a puerco.

Zara
    ¡Qué despegado! Y de sola
su malicia fue a notarle.

Calvo
Aun bien que para pegarle
no puede faltarte cola.

Zara
    Ponga ese concepto en salvo,
pues a pelo no ha venido.

Calvo
Fuerza es que así haya salido.

Zara
¿Por qué?

Calvo
      Porque yo soy Calvo.

Zara
    ¿Calvo? ¿Quién tal le consiente?

	Que parece su mollera, por cerrada, faltriquera de tesorero reciente.
Calvo	Soylo en el nombre, aunque bueno de la cabeza me hallo.
Zara	Pues para aqueso, llamallo fuera mejor calvatrueno.
Calvo	Sí, pues sin juicio por ti de amor me siento abrasar.
Zara	Pues no me llegue a quemar, que no es favor para mí.
Calvo	No hay que temer la pasión del fuego que el pecho envía; porque, aunque tú eres judía, amor no es inquisición. Mas dime, ¿con qué artificio me callas, siendo criada, lo que sabes?
Zara	Soy callada.
Calvo	Perderáste en el oficio.
Zara	Y él, ¿cómo, siendo bufón, no es alcahuete menguado?
Calvo	Preguntas bien. Me ha quitado

mi amo la comisión.

Zara   ¿Es de Fernando criado?

Calvo   Miren si lo ha conocido;
el hombre se ha introducido,
y se ha de hacer muy nombrado;
  el sabe vivir que es vicio,
y con traza tan mañosa
se hará estimar; que no hay cosa
como tener buen oficio.

Zara   Agora que a conocer
se ha dado, sin avisarle,
creo que viene a buscarle.

Calvo   Pues no haces poco en creer.

Zara   Y así, enseñársele quiero.
Vaya; que allí le hallará.

Calvo   ¿Y cuándo te volverá
a ver mi amor?

Zara   ¡Majadero!
  Con tan profana inquietud,
¿cómo me piensa obligar?

Calvo   Haciéndote renegar
y haré del vicio virtud.

(Vase Calvo. Sale Raquel.)

Raquel	¡Zara!
Zara	¿Señora?
Raquel	¿Qué hacías?
Zara	¿Qué he de hacer? De tu penosa tristeza estaba conmigo máquinas formando agora de consuelo.
Raquel	¿Qué consuelo pueden hallar mis congojas?
Zara	El mayor. ¿Aqueso dices, cuando un Rey a ti se postra? ¿No sabes aquel adagio que dice, cuando así exhorta, que duelos con pan son menos? Pues su sentido equivoca mi atención, y agora dice, con razón más misteriosa, que duelos con Rey son menos, porque es el pan de las honras; fuera de que es muy galán.
Raquel	Alábale a menos costa, Zara; que llevas el alma por prenda de la lisonja.
Zara	Hoy tu nación ennobleces.

Raquel	En aquesa razón sola
	disculpó su atrevimiento
	la violencia.
Zara	No te encojas;
	que todas somos mujeres,
	aunque no felices todas.
	Mas, si no me engaño, él
	es el que viene, señora.
	Cuidado con el cuidado,
	y mira que no seas boba.
Raquel	¿Por qué te vas?
Zara	¿Por qué tú
	no te quedes? Que esas cosas,
	como enferman si se encienden,
	si se enfrían empeoran.
	Quiero ver si encuentro aquel
	Calvo; que en esta penosa
	soledad, a quien no tiene
	un pelo, un Calvo enamora.

(Vase Zara. Sale el Rey don Alfonso.)

Rey (Aparte.)	(Casi, cobarde, las plantas
	mover no acierto; que estorba
	el crédito amante una
	demostración engañosa.
	Allí está; su justo enojo
	con el silencio pregona.

¡Qué triste está aunque está bella!
Y aunque enojada, ¡qué hermosa!
Yo me llego cuidadoso.
Raquel a mis voces sorda
se ha hecho; mas no me espanto,
si atrevido la ocasiona
mi arrojo osado y atento,
me castigue muda y sorda.)
¡Raquel! A cariños mueve
mi bien.

Raquel   ¿Señor?

Rey   ¡Oh, qué airosa
has andado en responder
tan a tiempo a mis congojas!
Pues, aunque quejosa sientes,
haces, atenta y piadosa,
que lo que al miedo se niega
el agrado corresponda.

Raquel   Pues, señor, ¿de aquesta suerte
se solicitan las glorias
de amor? ¿Así se consiguen
por engaño las victorias?
Estrategemas del alma
son cariño, son lisonjas,
no burlas, no desazones,
que, mas que obligan, enojan.
Mirad que desacredita
vuestros méritos medrosa
la prevención; no fiéis

al engaño, que os adora,
mas que al valor que os ilustra.
¿Tan cortas fueron, tan cortas
las esperanzas que os dieron,
que os obliguen a que rompan
el estilo cortesano
de su conquista la forma?
¿Qué queréis de mí encerrada?
Porque, si amor no me arroja,
ni el poder ni la violencia
podrán triunfar de mi honra.
No os digo que os aborrezco
yo; pero decidme agora,
¿no es fuerza que lo padezca
cuando el susto me ocasiona
que desazone el semblante
lo que pronuncia la boca?
Y cuando astuta consiga
que disimula mañosa
el sentimiento y publique
el cariño, ¿no zozobra
vuestro crédito en su abono?
Decidme, ¿no es cierta cosa
que diréis que ha sido miedo
lo que ser amor pregona?
Y aunque nada de esto sea
para contigo traidora
la voluntad, ¿cómo puede
asegurarse celosa
de que en una llama presta
no hay una ceniza pronta?
Muestras da lo apresurado

de que, si el triunfo se logra,
durará el cariño tanto
cuanto durare la gloria.
Quien por querer solo quiere,
solo ser querido escoja,
y esto el agrado lo diga,
no la usada ceremonia.
¡Ea, señor! Que me habéis
malogrado afectuosa
en toda una confianza
de amor la fineza toda.
¿Para qué es bien...?

Rey   No prosigas;
que es lástima que enojosa
la voz dé a entender la queja
cuando la intención la borra.
No ha sido el robo violencia,
ni es prisión la que ocasiona
este retiro; es decoro
con que el pundonor se emboza.
A tus cortas esperanzas
dar alas quiso animosa
mi resolución, no ajarte
el despego con que adorna
su recato la prudencia;
porque estimé afectuosa
tu atención, quise excusarla
con violencia tan costosa.
Ésta es mi culpa, Raquel,
no llamarada fogosa
de humano incentivo, donde

más se abrase que acrisola.
No espero de ti más premio
de que voluntaria escojas
la prisión que, a mi dictamen,
violenta te desazona.
Tuya eres, como primero;
y como yo en tu memoria
viva amante, nada quiero,
sino, adorando tu sombra,
dar luz al entendimiento,
que en tu aprehensión se mejora.
¿Qué dices?

Raquel   Digo que ya,
puesta en el riesgo, no importa
menos tu amor que mi honor;
solo siento...

Rey   ¿Qué te enoja?

Raquel   Temer tu fineza.

Rey   Eterna
será, si no me la estorba
quererla tú malograr.

Raquel   No, ese remedio lo abona.
Si tus afectos no mienten,
murieron mis vanaglorias.

Rey   No dudes de mis finezas.

Raquel	Es la experiencia muy corta.
Rey	El tiempo hará que las creas.
Raquel	El tiempo gastar te importa en diferentes cuidados.
Rey	No Reina en mí otra memoria.
Raquel	¿No eres Rey?
Rey	Tú Reinas solo.
Raquel (Aparte.)	(Agora, ambición, agora, importa que ciega arrojas a su oído tu ponzoña.) Tus vasallos necesitan de tu asistencia.
Rey	¿Qué importa, si yo en la tuya granjeo mejor aplauso?
Raquel	¿Y tu esposa?
Rey	¿Mi esposa? Más no la nombres.
Raquel (Aparte.)	(Engaños son de mi loca imaginación.) ¡Ay, cielos!
Rey	¿Suspiras?

Raquel   ¡Qué poco importa
que el fuego de amor levante
esa llama aduladora,
si es el humo que la sigue
de sus mismas luces sombra!
Agora que tú, encendido
en el deseo, convocas
todo el poder para el triunfo,
de todo tu honor baldonas,
pero después que apagado,
cual racional mariposa,
las alas de tu poder
vieres torpemente rotas,
huirás de la hoguera en donde
el precipicio te arroja,
si hermosa a la vista siempre,
a la experiencia costosa.
¿Qué haré sin tu vista, Alfonso,
después? ¿Qué haré sin la gloria
de ver que todo eres mío?
¿Qué seguridad forzosa
me dará la confianza?
De nuevo mis ansias lloran.

Rey   ¡Qué así tu crédito afrente
mi firmeza! ¡Qué así enojas
la fiel verdad con que amante
mi fe a tu rigor se postra!
Dime, ¿qué quieres? ¿Qué dudas,
cuando mi afecto te adora?
¿Oféndete mi gobierno?
Yo dejaré la corona.

	¿Temes de Marte el impulso?
	Ya están mis armas ociosas;
	que donde amor se acredita,
	cualquier valor se desdora.
	¿Quieres mandar? Todo es tuyo.
Raquel	No juzgues tan ambiciosa
	mi voluntad; que en tu pecho
	solo quiere ser señora.
Rey	Pues tuya es mi voluntad;
	y si mi presencia sola
	es la que te causa gusto,
	desde luego la penosa
	carga del gobierno dejo,
	y en tu posesión absorta
	la imaginación, eterno
	sacrificio te disponga.
Raquel	Menos es lo que te pido.
Rey	Pues, dilo. ¿Qué te reportas?
Raquel (Aparte.)	(Aquí dame industria, Amor.
	Préstame tu venda agora
	para que ciegue la vista
	del poder con la engañosa
	máscara de la fineza,
	y a un tiempo triunfe de todas.)
	Pues, señor, solo te pido,
	si tanto tu amor me abona,
	que como has de gobernar

en tu corte, que dispongas
que vengan a consultarte,
y de tus leyes la docta
academia en esta quinta
reparta majestuosa,
sin el riesgo de mi amor,
tributos a tu corona.

Rey   Eso es lo menos que haré.

Raquel (Aparte.)   (Así mi intento se logra.)
                              ¿Te apartarás de mí?

Rey   ¡Nunca!

Raquel   ¡Oh, quiera Amor que te oiga!

Rey   Desde luego haré que vengan
aquí las consultas todas
a que las resuelvas tú;
los gobiernos y las honras
disponte tú a repartirlos;
manda, ninguno se oponga
a tu gusto, y el que, loco,
contradijere tus obras,
pena eterna le condene,
y ésta es sentencia piadosa;
que si has de darle la pena
tú, Raquel. ¿qué mayor gloria?

Raquel   ¿Harás cierto lo que dices?

Rey	Más tus dudas me provocan. Haré que el Sol te obedezca, y de esa lucida antorcha del día haré que se pare la carrera, si te enoja. Haré que la Luna cese en su curso, que las sombras retroceden a su caos primero; si te apasionan los vientos, haré que calmen y al impulso de tu boca tengan vida solamente aves, brutos, hombres y olas.
Raquel	No merezco esos extremos.
Rey	Mal conoces mi amorosa pasión.

(Dentro.)

David	Ninguno me estorbe.
Raquel	Cielos, ¿qué voces son éstas?
David	Yo he de entrar.
Rey	¿Quién alborota así mi quietud?
Raquel	¿Quién es quien despierta mis congojas?

(Salen Fernando y Zara.)

Rey	Fernando, ¿qué rumor...
Raquel	Zara, ¿qué ruido...?
Rey	...es el que escucho atento?
Raquel	...es el que he oído?
Fernando	David, señor...
Zara	Tu padre, que animoso...
Fernando	...a Raquel busca.
Zara	...a ti te busca ansioso.
Rey	Pues, ¿de dónde ha podido saber que estaba aquí?
Raquel	¿De qué ha sabido tan presto que aquí estoy?
Fernando	Eso no entiendo.
Zara	Yo no sé más sino que vengo huyendo; que, como está contigo apasionado, en sayón le he temido transformado.
Fernando	Y como me encargaste

que nadie entrase cuando te apartaste,
afuera se ha quedado,
aunque más por entrar ha porfiado.

Raquel   ¿Has, señor, entendido
mi nueva pena?

Rey   Ya tu pena he oído.

Raquel   Pues, ¿no vamos iguales
los unos males con los otros males?
Permite que me vea
mi padre, a quien estimo; y si desea
tu amor algún alivio al alma mía,
no perdamos a todos en un día.

Rey   Recelo algún agravio.

Raquel   No hay que temer; que al fin es padre y
         sabio.

Rey   Yo me aparto, porque no te embarace
el bien o el mal que de su vista nace;
mas, por si desatento
al mal inclina su infeliz tormento,
aquí me encubro; que si amante puedo
para el bien apartarme, al mal me quedo.

Raquel   Dejadle entrar.

Zara   El alma se me apoca.
¿Qué es que le deje entrar? Ella está loca.

(Vase Zara. Escóndese el Rey y sale David.)

Raquel ¡Padre y señor!

David ¡Ah, enemiga!
No pronuncie la voz nombre que diga
tan del todo mi mengua;
pues lo niega la acción, calle la lengua,
y no pronuncie el labio
con nombre de piedad nombre de agravio.
Espía has parecido
que con el nombre hurtado te has venido,
burlando tu piedad, fiel centinela,
que de tu honor estaba siempre en vela;
mas no te ha de valer, porque yo atento,
conociendo el intento,
y armado el pecho de rigor que asombre
no he de moverme aunque me des el
  nombre.

Raquel Primero que me culpes...

David Tu liviandad, ingrata, no disculpes,
cuando torpe has dejado
tu ley, tu padre, tu quietud y estado;
y en miserable ruina,
que a perdición tan bárbara te inclina,
mofa siendo del pueblo desbocado,
por darnos libertad te has cautivado.
Bien sé que me dirás que yo he tenido
la culpa y que yo he sido

quien, por dejar a mi nación segura,
a tanto riesgo expuse tu hermosura;
mas animóme al infeliz intento
tu desvanecimiento,
tu vana presunción, que pretendía
correr parejas con la luz del día,
y aun más cuando del Sol los rayos bellos
blasonaste vencellos,
pareciéndote todo el mundo poco
para rendir tu pensamiento loco.
¿Es Alfonso el VIII en su porfía
mejor que el Sol y que la luz del día?
¿Eran ésas las quejas
con que se querellaron tus orejas
de mi desconfianza?
¿De esta suerte alentaste mi venganza?
¿Qué confianza necia
así tu honor desprecia?
Señor de tu cuidado,
¿de ti se burla el hado?
Mira con cuánta pena
Tamar se queja, de su honor ajena,
de un vano amor burlada,
aborrecida aun antes que gozada.
Es la hermosura breve,
efímera, de nieve,
que apenas toca su belleza el tacto,
cuando hiela la sangre su contacto.
El gran Dios de Israel está ofendido,
el pueblo clama contra mí atrevido,
ni cristiano ni hebreo favorece
tu engaño. El odio crece,

y vengo yo a pagar de sus enojos
la pena, tributándola mis ojos.
Ya de Jepté contemplo
en mi crueldad más bárbaro el ejemplo,
pues él a Dios sacrificó la vida
de su hija querida,
y yo el honor le he dado,
no a Dios, sino al pecado,
cruel, ciego, homicida,
que quita el alma sin quitar la vida.
Lloraré por los montes desiguales
los tuyos y mis males;
lloraré noche y día
tu desdicha y la mía;
con las vírgenes todas
saldré a llorar tus malogradas bodas,
estéril a la planta
que en nuestra ley espera Jesé santa;
las coronas perdidas,
que a tu virginidad fueron tejidas;
el aceite vertido, que ha juzgado
virgen ungirte al tálamo esperado;
el alba, que vestilla
pensaste, comerá blanca polilla;
tu juventud lozana
de sombras cubrirá noche temprana,
y gozará el infierno
por un breve placer, un logro eterno.
¿Lloras? Enternecido
me has con tu llanto; porque al fin ha sido
testigo que me dice tu decoro
que tú lloras lo mesmo que yo lloro.

¿Estás arrepentida?

Raquel   ¡Ay, padre de mi vida!

David   Con suspiros me dices lo que ignoro.

Raquel   Llora conmigo, pues contigo lloro.

David   Bien conozco mi mal, que es infalible.
¿Puedes dejar a Alfonso?

Raquel   No es posible.

David   ¿Qué ceguedad tan fiera
así tu juicio con amor altera?
¿No es tu padre primero?

Raquel   No lo ignoro;
mas por aqueso lloro lo que lloro.

David   Mira estas canas tristes
que por espejo un tiempo las tuvistes
humedecidas con el llanto amargo,
que las injuria el alma por tu cargo.
Mira como, corrido,
huyo de ser de nadie conocido,
temiendo que me afrente
si siente de mi mal lo que no siente;
y pues nada merezco,
mira tu ley, y no lo que padezco;
deja tan vil estado.

Raquel	Imposible ha de ser.
David	¡Ay, desdichado! Pues yo me vuelvo, hija inobediente, y plegue al cielo, pues que tal consiente, que tu obstinada vida, de sus yerros asida, pierda de aquesta suerte el fruto que te ha dado con la muerte; revolcada en tu sangre vil te vea quien más bien te desea, y sus mismos vasallos por trofeo sean ministros crueles...

(Sale el Rey.)

Rey	¡Calla, hebreo! No pronuncie tu labio tan infame crueldad, tan vil agravio; que aunque oído, parece que el eco toda el alma me estremece.
David	Si tu deidad venero, Rey Alfonso el Cruel, no el Justiciero, callaré; mas callando, mi maldición al cielo irá clamando.

(Vase David.)

Raquel	¡Padre, señor...!
Rey	Espera.

	Donde yo estoy cualquiera
	es menos.
Raquel	¡Ay, dolor!
Rey	¿De qué te afliges?

Mi reino tienes y mi imperio riges;
en él asegurada
puedes estar, Raquel, no temas nada;
que la cólera ha sido
lo que tu padre a aquesto le ha movido,
y después olvidado,
de tu gusto hará logros el cuidado;
pues, porque no lo ignoren,
haré que todos tu hermosura adoren,
rindiendo a tu beldad ritos profanos
en templos nuevos, cultos soberanos.

Raquel   Ya una vez me he rendido;
                tuya he de ser, pues para ti he nacido.

Rey   Y mientan testimonios agoreros
                en cantos tristes y rigores fieros,
                publicando la fama, siempre tuya,
                que Alfonso es de Raquel.

Raquel   ¡Y Raquel suya!

(Vanse.)

Fin de la segunda jornada

Jornada tercera

(Salen el Rey don Alfonso, Calvo, Raquel, Zara, y damas de acompañamiento. Cantan.)

Música   «La hermosura de Raquel
                eterna a los siglos viva,
                para ser feliz amante
                de Alfonso, Rey en Castilla.»

Raquel (Aparte.) (¡Qué bien suenan estas voces
                a mi ambición!)

Rey (Aparte.)   (¡Qué bien pintan
                estos ecos mi fortuna!)

Raquel   Repita la voz.

Rey   Repita.

(Cantan.)

Rey   «La hermosura de Raquel
                eterna a los siglos viva...

Raquel   ...para ser feliz amante
                de Alfonso, Rey en Castilla.»

Rey   Días ha, Raquel hermosa,
                que en tus brazos divertida
                toda mi grandeza enciende,

	con la posesión, la envidia.
Raquel	Poco mi amor te ha debido;
	que quien repara en los días
	o lo que pasa no goza,
	o lo que goza no estima.
Rey	El contentaros es dudar
	que dure tanto una dicha.
Raquel	Y el olvidarlos hacer
	dichoso lo que se olvida.
Calvo	Tú no lo entiendes, señor
	—perdona que te lo diga—
	que no hay mujer que no sienta
	que se le cuente la vida.
Rey	Mientras más vive Raquel,
	es su hermosura más viva.
Calvo	Días tienen las hermosas
	con que enamoran y hechizan;
	mas no hay quien pueda mirarlas
	en llegando a tener días.
Rey	¿No es hermosa?
Calvo	Eso parece
	que adrede la hicieron linda;
	no la falta sino el ser
	una Santa Catalina.

Zara	¿En efecto, el hablador por bufón con el Rey priva?
Calvo	Y tú con tu ama, ¿por qué?
Zara	Por criada más que amiga.
Rey	Parece que triste estás.
Raquel	Yo te confieso que lidian conmigo imaginaciones de un sueño que me fatiga.
Calvo	Yo apostaré que no es. Soñaba el ciego que veía.
Rey	Pues, ¿qué soñaste?
Raquel	Soñaba que entre mis brazos nacía un rojo clavel, que hermoso, corona de carmín fina, aromatizando el aire, todo el pecho enriquecía, y que por gozarle, yo le ajaba, aunque le pulía; y apenas corté sus hojas las potencias divertía, cuando de violenta mano golpe fatal me le quita. Desanimado el aliento,

con sus hojas me salpica,
fáltame el logro que busco,
y en vez de adorno, pinta
en lo que fue rojo, sangre,
en lo que fue tronco, herida.
El corazón en el pecho
con este susto me avisa
de algún peligro. Despierto,
y mirándote, decía:
«Éste es el clavel sin duda,
flor que, en mis brazos rendida
está cobrando en desdoros
cuánto me paga en caricias.
Éste es el Rey de las flores;
quien me le arranca es la altiva
fuerza de su ingrato reino
que no es posible resista.»
¡Ay, Alfonso! ¡Cuánto siento
estas verdades fingidas
en las sombras de la noche!
¡Cuánto temo que me envía
el alma aquestos avisos,
anuncios de mi desdicha!
Yo te adoro y no merezco
de tus ojos ser querida;
yo mando todo tu reino,
y anda muy pronta la envidia;
no temo ser despreciada,
pero temo ser temida.
Éstos son los sentimientos
que disimulado había
por no disgustarte; pero

dígolos porque me obligas
y porque de tus consuelos
nuevos halagos consiga.

Rey   Fantásticas ilusiones
del sueño, en vano podían
vencer verdades del alma
que aparentes se eternizan.

Calvo   Ella con aquestas flores
pasa, por Dios, brava vida;
soñadas o no soñadas,
siempre se las vende finas.

Rey   ¿Qué temes, viviendo yo?

Calvo   Tu amor es mi vida; no
moriré si no me olvidas.

Raquel   La fineza te agradezco.

Zara   Mucho vale una mentira.

Rey   ¿No eres dueño del gobierno?

Raquel   Sí.

Rey   Pues, ¿qué te atemoriza?

Zara   Esperando está la audiencia.

Rey   Pues de mí no necesita

adonde queda Raquel,
demás de que yo quería
salir a caza; y así,
mientras voy a prevenirla,
pues que la has de despachar,
quédate tú a recibirla.

Raquel   Tu grandeza el cielo aumente.

Rey   Porque toda a ti la rinda.

Calvo   De la plaza de portero
               te doy, Zara, las albricias.

Zara   Más vale ser mete-audiencias
               que mete-muertos, gallina.

Rey   Calvo, ven.

Calvo   Ya voy tras ti.

Rey   Y mientras me aparto, sigan
               alabanzas de Raquel
               los ecos de mis caricias.

(Vanse el Rey y Calvo. Cantan.)

Música   «La hermosura de Raquel,
               eterna a los siglos viva,
               para ser feliz amante
               de Alfonso, Rey en Castilla.»

Raquel	Amor, si eternizar puedes
	los que tu bandera alista,
	en mí tendrás un valiente
	soldado contra la envidia;
	abogada de tus leyes
	defiendo dogmas prolijas,
	y de errados argumentos
	formo materias distintas.
	Rey eres, y de tu imperio
	el mejor blasón peligra;
	yo estableceré tu trono
	si me fijas esta silla.
(Siéntase.)	Aquí, donde la ambición
	reparte, mal entendida,
	premios al gusto, es forzoso
	que ensanche la tiranía.
	No hay insulto que no apoye
	quien las virtudes castiga;
	quien contra la razón obra
	la sinrazón acredita.
	Muera el bien obrar; no quede
	embarazo a la malicia,
	y del vicio y liviandad
	se ensanche la tiranía.
Zara (Aparte.)	(Si ella a gobernar el mundo
	se sienta, ¿qué más desdicha?
	Muy presto le verán todos
	vuelto lo de abajo arriba.)

(Salen Álvar Núñez y Garci López.)

Álvar (Aparte.)	(¡Que así infamemente venda Alfonso la libertad!)
Garci (Aparte.)	(¡Que así de nuestra lealtad el piadoso celo ofenda!)
Álvar	Guárdete el cielo, Raquel.
Raquel	El mismo tu vida aumente.
Álvar (Aparte.)	(¡Quién tal vio!)
Garci (Aparte.)	(¡Quién tan consiente!)
Álvar	¿Dónde el Rey está?

Raquel	Sin él
	podéis consultarme aquí
	los negocios que traéis,
	pues que no vota, sabéis,
	el Rey ninguno sin mí.
	    A caza salir desea
	hoy, y porque embarazado
	no le tengáis, me ha dejado
	que su sustituta sea.
	    Sin él la audiencia no cese;
	pues conmigo estáis, hablad;
	que aquésta es su voluntad.

Álvar (Aparte.)	(Y mi sentimiento ése.)

(Sale una mujer.)

Mujer	Una mujer afligida de ti se viene a valer; ampárala, así el poder eternices con la vida.
Raquel	¿Qué pides?
Mujer	La libertad de un hijo, que por travieso tiene la justicia preso. Muévate mi soledad.
Raquel	¿Qué delito ha cometido más notable?
Mujer	Enamorado de una mujer, ha turbado el sosiego a su marido.
Zara	Aquese delito ha sido mañoso, pues ha alcanzado de un marido sosegado hacer un bravo marido.
Garci	A mí me toca, y en eso informarte lo que sé, pues de la justicia fue también el marido preso.
Zara	Con eso se ha autorizado la afrenta; no hay qué temer,

aunque también vino a ser,
tras aquello, apaleado.

Garci   Que por haberle estorbado,
así el honor se atropella,
una noche hablar con ella,
contra su vida arrojado,
    le acuchilló, y mal herido,
se teme que morirá.
En aqueste estado está;
mira si es bien parecido,
    fuera de ser hombre inquieto,
que se perdone esta culpa.

Raquel   Su voluntad se disculpa;
que amor no guarda respeto.
    Si la dama no le diera
entrada, no la tomara.

Garci   Ella bien se lo estorbara
si por sí misma pudiera;
    de su arrojo despechada,
su marido ocasionó.

Raquel   Pues si ella le provocó,
ella será la culpada.
    Que le libréis determino.

Mujer   Así tu nombre se aumenta.

Álvar   Míralo, primero, atenta.

Raquel	No hay que mirar; que encamino
	así la razón, pues hallo
	entre los dos no sé qué
	culpa, que al castigo dé
	ocasión, y así le callo;
	que es de enmendarle costoso,
	delito que ha ocasionado
	del hombre lo desgraciado
	y de la mujer lo hermoso.
Zara	Y el paciente que procure,
	si acaso estima su vida,
	el curarse de la herida,
	y de esotro no se cure.
Garci	Injusta razón parece.
Raquel	Aunque injusta, se obedezca.
Mujer	Ser yo tu esclava merezca.

(Vase la mujer.)

Raquel	A mi ambición lo agradece.

(Sale un viejo.)

Viejo	Justicia pedirte intento
	de un hombre que me ha robado
	el honor.
Zara	Mal alhajado

debe de estar; pues atento
    el ladrón que fue a buscarle
entre cosas de valor
no le quitara el honor
si tuviera qué quitarle.

Viejo

Un traidor, una hija bella
que tenía me ha llevado.

Zara

Pues el otro es el cargado,
si es que ha cargado con ella.

Viejo

De su delito apetece
mi queja el castigo usado.

Raquel

Si lo hizo de enamorado,
ningún castigo merece.

Viejo

Mal mi honor se satisface.

Raquel

Pues, ¿he de derogar yo
lo que el cielo decretó?

Zara

¿Y lo que ella misma hace?

Viejo

Luego, ¿dejarme procuras
sin honra?

Raquel

Paciencia ten.

Viejo

El cielo castigue, amén,
tu soberbia y tu locura.

Raquel	¡Matadle! ¿Qué atrevimiento es aquéste?
Álvar	Justo ha sido.
Raquel	¿Tú también le has defendido?
Álvar	Era piadoso su intento.
Raquel	¡Vive el cielo!...
Garci	¿Qué te alteras?
Raquel	...que ha de probar mi rigor.
Álvar	Que te reportes mejor será, si lo consideras.
Garci	¡Qué así con término injusto nos quiera humillar el Rey!
Zara	Ella cumpla con la ley, puesto que sentencia al justo.
Álvar	Este memorial acusa la libertad, a que exhorta tu pueblo.
Raquel	Pues, ¿qué le importa al vuestro, que lo rehusa?

Álvar	Lleva mal el igualarlos, siendo de la iglesia nervios.
Raquel	Son los cristianos soberbios, y es menester sujetarlos.
Álvar	Mejor espero yo ver sus bríos avasallados.
Zara	Son unos desesperados, y no tienen qué perder.
Álvar	Otras mil cosas había que tratar, si Alfonso aquí estuviera; pero a ti, ¿cómo se ha de consultar?
Raquel	Decidlas; que puede ser que en mi discurso veáis cuán engañados estáis si os acierto a responder.
Garci	No son negocios, Raquel, para ti.
Raquel	¿Qué os embaraza?
Álvar	¿Sabrás sitiar una plaza? ¿Sabrás plantar un cuartel? ¿Sabrás dar para un socorro medios y trazas poner?

Raquel	Pues, ¿por qué no he de saber?
	De que lo digáis me corro.
	Sabré a campaña salir,
	sabré un moro acometer,
	un ejército vencer
	y una ciudad combatir.
Zara	Y mas, que con buena estrella
	dice verdad, no hay dudarla;
	que ninguna, es cierto, amarla
	ha sabido mejor que ella.
Álvar	Falsas presunciones ganas.
Raquel	No son sino verdaderas.
	¿Seré yo de las primeras?
Zara	Ni de las segundas vanas.
Álvar	¿Cómo tu soberbia entiende
	saber regir?

(Levantándose Raquel.)

Raquel	Si no sé
	regir, al menor sabré
	castigar a quien me ofende.

(Vase Raquel.)

Álvar (Aparte.)	(Eso dudo, porque antes
	que tus impulsos soberbios

se atrevan a levantar
torreones en el viento,
con la tempestad que cuaja
el odio común del pueblo,
lo que has labrado en oprobios
espero en ruinas deshecho.)
Garci López, si tus bríos
guardan aquel ardimiento...

Garci   ¿Qué me dices?

Álvar   Mas Fernando
viene; con él lo tratemos.

(Sale Fernando.)

                Seas, Fernando, bien venido,
                y a ocasión...

Fernando   Guárdeos el cielo.

Álvar   ...Que podrás, entre los dos,
                como noble y como atento,
                hacer caudal de una queja
                y dar a un daño remedio.

Fernando   Decidle; que ya os escucho.

Álvar   Pues, has de advertir primero
                que en ti la nobleza atiende
                y en mí propone el buen celo.
                Nobles castellanos, cuyas

cuchillas vieron sangriento
todo el poder de los moros,
esmaltando el noble pecho
el rojo matiz que os cubre
de victoriosos trofeos;
ya, el Hércules que os regía,
a nueva ley le sujeto;
trueca el uso de la clava
por el huso, en que torciendo
va a sus victorias el hilo
que hizo su renombre eterno.
Ese sacrílego engaño,
ese engañoso trofeo
de la Fortuna, ese hechizo
del alma, ese devaneo
del discurso, ese milagro
de la idea, ese portento
del siglo, esa majestad
de la hermosura, ese vello
simulacro, ese pasmoso
escándalo de los tiempos,
a quien altares levanta
el culto de sus deseos,
le ha rendido, y en sus ojos
los de ella solo son dueños,
pues mira lo que ellos miran,
y no ve lo que no vieron.
Con llanto notan los míos
el penoso cautiverio
y cuán licencioso el vicio
se aumenta con el ejemplo
porque los príncipes mandan

cuando pecan, advirtiendo
que la adulación permite,
por hacer al Rey obsequio,
que se bauticen las culpas
por leyes, que en el exceso
de sus vicios, no son vicios
los vicios, sino preceptos.
¿Qué es aquesto, nobles godos?
¿Quién avasalla el esfuerzo
que en vuestros pechos guardaba
la lealtad de vuestros pechos?
¿Cómo consentís que Alfonso
por un vano, por un ciego
gusto, la justicia tuerza
manchando el decoro regio?
Mirad que en los corazones
que anima heroico ardimiento
parece mal tanto olvido,
y que al varonil es fuero
el disímulo le hace
cobarde más que no atento.
¿Es bien que de una mujer
se deje regir un reino
que en pechos ilustres graba
patrones de jaspe eterno?
No permitáis que el laurel
que corona sacro imperio
planta lasciva le cerque
con mentido culto, haciendo
lo que es traición agasajo,
favor lo que es cautiverio.
Que hasta su virtud nos niega

cuando por nudos estrechos
pasa mentida lisonja
en el verdor de su aseo.
Respete el laurel el brazo,
y abrase la hiedra el fuego;
muera este encanto, este asombro
que así nos tiene suspensos,
y sacrifiquemos esta
ofrenda impía al eterno
simulacro de los reyes
que en el siglo venidero
con violenta tiranía
fueren en sus lazos presos,
dejando nuestra lealtad
a su vicio por trofeo,
con la ruina del cuchillo,
esmaltado el escarmiento.

Fernando   Hablar te he dejado solo,
cansado y caduco viejo,
por ver que de la lealtad
haciendo escudo tus ecos,
el nombre de la traición
cubriste con el de celo.
Tú, que entre muertas cenizas,
de la juventud al hielo,
en la nieve de tus canas
enfrías tus ardimientos,
¿quieres juzgar incapaz
la fuerza de los efectos
en el más común contagio
del impulso más perfecto,

accidente que a la fuerza
de la vida y de los tiempos
mayores disculpas tiene,
y consigue más ejemplos?
Es deidad tan misteriosa
el amor, que no podemos
negarle en los corazones
la fuerza de su veneno
porque cuanto siente y vive
tributa a su influjo feudo.
Aman en igual balanza
conformes los elementos;
aman los astros, iguales
corresponden los efectos
a las causas; ama el mundo
la forma del universo;
ama el bruto, ama la fiera,
ama la planta, el ligero
pájaro que surca el aire
ama tributando, atento
a su semejante hermoso
afectuosos anhelos.
Ama también lo insensible
la proporción de sujetos;
y en fin el Autor de todo
ama lo que juzga bueno.
Pues, ¿por qué quieres culpar
en el hombre más atento
el amor, cuando en lo hermoso
hace diferente aprecio
lo racional del discurso
que lo incapaz del afecto?

¿Cuándo ajustada medida
de ciencia infusa no ha hecho
en Alfonso que señale
celestial llama su pecho?
¿Qué culpas son las que impones
a su pasión? ¿Hallas, ciego,
que homicida, que ambicioso,
haciéndose a un tiempo dueño
de la hacienda, de las vidas,
oprima al vasallo el cuello?
Si religioso pretendes
culpar sus atrevimientos,
¿hallas que en su religión
intentara ritos nuevos?
¿Culpaba Jerusalén
de Salomón el imperio
porque erradas concubinas
le hicieron levantar templos,
donde en ciegos simulacros
adorase dioses nuevos?
¿Qué estatua ves colocada
donde a Júpiter o Venus
se le tributen aromas
o se le quemen inciensos?
Pues, ¿qué pretendes? ¿Qué intentas?
¿Amar del Autor Supremo
la imagen es el delito
que reprehendes severo?
Tu codicia solo culpo,
por ser timón del gobierno.
¿No ves que la mocedad
no ciñe el límite estrecho

bastantemente la fuerza
de su altivo pensamiento?
No es letargo, es vanidad,
hija de espíritu inmenso,
cuya heroica pesadumbre
engaña en canto halagüeño.
Demás de que, cuando fuera
culpa su divertimiento,
es menester que conozcas
que los reyes los da el cielo,
y se han de llevar humildes
a fuer de varios sucesos,
sin registrar la intención
de sus arcanos misterios.
Es hombre el Rey como todos,
aunque en fortuna diverso,
y es menester que conozca
el leal que a sus preceptos
asiste, que pues su estado
lo dio excepción en el puesto,
también en el disimulo
debe quedar más exento;
que tener acierto en todo
aun no se da al que perfecto
merece del sacro Olimpo
infuso el conocimiento.
El reprehender al mayor
solo toca, sin que atento
profane el límite noble
de la autoridad del puesto
y sin que la persuasión
irrite con el esfuerzo;

y así, tu barbaridad
temple el arrojo indiscreto,
que, imitando del caribe
el voraz impulso hambriento,
intentas bañar con sangre
la inquieta turba del pueblo.
Trueca el bárbaro dictamen,
y mira, cuando sangriento
la muerte de Raquel trazas,
que a la de tu Rey has puesto
de traidoras acechanzas
fantásticos instrumentos.
Vuelve atrás, y no prosigas,
si no intentas que, severo,
contra tu escándalo escupa
el aire rayos inmensos.

Garci   Basta, Fernando. No así
injuriéis el fiel afecto
con que Álvar Núñez intenta
rescatar de Alfonso a un tiempo
la vida, el alma, el discurso
que mira en cadenas puesto;
no tu juventud ardiente
culpe su prudente celo.
Bien es que muera Raquel.

Álvar   Menos que con tal exceso
no puede vivir seguro
ni su fe ni su gobierno.

Fernando   No vengo en tal tiranía.

Garci	Yo sí, Fernando, pues veo que es menos mal que ella muera que no que muera su reino.
Fernando	¿Por ser hermosa es culpada?
Álvar	No, mas es culpada siendo instrumento de la culpa; y así, juzgo por bien hecho que con su muerte se quite la causa por el efecto. Que no es la primera flor que se arranca, conociendo que, de mayor planta arrimo, quita la virtud al riesgo.
Garci	Muera aquesta encantadora.
Fernando (Aparte.)	(Avisar al Rey pretendo; que yo no podré impedirlos si una vez están resueltos, y aunque aventure la vida importa no perder tiempo.)

(Vase Fernando.)

Álvar	Fernando por la privanza del Rey le apoya indiscreto; mas, pues resueltos estamos, Garci López, ¿empecemos a libertar nuestra patria,

guardando el justo respeto
que a Alfonso se debe?

Garci   Así me parece.

Álvar   Ya tenemos
el apoyo de la Reina,
que en olvidos y desprecios
desdenes paga, sin que
compra Raquel lucimientos.

Garci   ¿Y cómo se dispondrá?

Álvar   Ya yo lo tengo dispuesto;
porque en intentos que piden
ayuda más que consejos,
es siempre facilitarlos
primero que proponerlos.
El Rey ha salido a caza,
y avisados los monteros
están de que, con la maña
mayor que puedan, tan lejos
le lleven, que aunque el aviso
de Fernando, porque es cierto
que no ha de dejar de darle,
habiéndonos descubierto,
llegue a tiempo, nunca pueda
volver a estorbarlo a tiempo.
Y así, entretanto, nosotros
con los muchos nos juntemos
que aborrecen esta aleve,
ingrato, tirano dueño,

y volveremos aquí
para que en el sitio mesmo
que nos ultrajó mandando
nos desagravie muriendo;
y así, ayudadme y callad.

Garci   Tu lealtad ampare el cielo.

(Vanse. Salen Fernando y Calvo.)

Fernando   ¿Tan presto salió?

Calvo   Y a mí
me dejó a que te dijese
que hasta que él aquí volviese
no te apartases de aquí;
   y que a Raquel solicites
entretenerte ha pedido,
para que entretenido
la plaza también me quites.

Fernando (Aparte.)   (Dudoso estoy; si me voy,
Raquel puede peligrar,
y él no la podrá librar
tampoco si aquí me estoy.
   Si no le aviso le enojo,
y si le aviso no hago
lo que manda, y satisfago
mal al consejo que escojo.
   No sé qué hacer.)

Calvo   ¿Qué te ha dado?

¿Quién te ha sacado de quicio?
¿No corre bien el oficio
Mas sí hará; que es hurtado.

(Salen Raquel y Zara.)

Raquel (Aparte.)   (Fernando está aquí; con él
mi soledad divertir
quiero.)

Fernando
(Aparte.)   (Yo me tengo de ir.)

Raquel   ¡Fernando!

Fernando   ¿Hermosa Raquel?

Raquel   En fin, ¿Alfonso se fue
a caza?

Fernando   Presto vendrá.

Raquel   Aguardándole estará
mi amor, mi lealtad, mi fe.
    Hablemos de él entretanto;
que quizá con su memoria
haré de la pena gloria
y libertad del encanto.

Fernando   Mejor será que le vaya
a buscar yo, porque venga
más aprisa y porque tenga...

Calvo (Aparte.)	(Muy mal su papel ensaya.)
Fernando	Consuelo tu soledad.
Zara	Y nosotras, di, ¿qué haremos entretanto?
Calvo	Ahí le daremos un filo a la voluntad.
Raquel	Bien dices; mas no quisiera quitarle el gusto que tiene.
Fernando (Aparte.)	(Disimular me conviene con Raquel mi duda fiera.) No hay gusto como tu amor. Darla pesar no pretendo, y a tiempo llegar entiendo que él lo remedie mejor. Adiós.
Raquel	Mi afecto te rige.
Calvo	¿Se fue?
Zara	¿Cómo te dejó?
Calvo	Sin duda que se corrió de aquello que yo le dije.

Raquel	A buscar mi bien se ha ido.
	Y tú, Calvo, ¿puede ser
	que al Rey dejaste?
Calvo	A correr
	inclinado nunca he sido;
	y así, de la caza dejo
	el afán, que me embaraza.
Zara	Será porque él mejor caza
	un lobo que no un conejo.
	¿No es verdad?
Calvo	Aquése el robo,
	con que tu mentira entablas,
	porque en todo lo que hablas,
	hablas por boca de lobo.
Zara	Él es cobarde, y la fiebre
	del miedo le desmentía.
Calvo	Pues, ¿acaso es valentía
	el correr como una liebre?
Zara	Y un jabalí acometer,
	¿No es valor de ánimos tercos?
Calvo	Yo no me meto con puercos.
Zara	Bien hace en no se ofender.
Raquel	Valentía y gusto encierra

la caza en cuanto se ve.

Zara　　　¿Y no ha oído aquello de
«viva imagen de la guerra?».
　　Pero, ¿quién se ha entrado aquí?

Calvo　　Otro perro que te ladre.

Zara　　　¡Ay, señora! Que es tu padre.
Yo me voy. ¡Triste de mí!

Calvo　　Aquí sin duda os azota,
y será paso notable.

Zara　　　Yo me escurro.

Calvo　　　　　　Y yo me voy,
si te escurres, a secarte.

(Vanse. Sale David.)

David　　¿Hija, Raquel?

Raquel　　　　　¿Qué es aquesto?
¿Vos conmigo tan afable?
¿Vos me llamáis hija, cuando
no consentís que yo os llame
padre? Pues, ¿qué novedad
trocó así vuestro dictamen?

David　　Ya no es tiempo de reñirte;
que si entonces, por sacarte

de este engaño, mi razón
pudo airada amenazarte,
hoy, que tu peligro mira
mi amor, mi piedad no sabe,
para poder convencerte,
otro estilo más amante.

Raquel   Pues, ¿a qué venís?

David (Aparte.)   (¡Ay, cielos!
No sé como declararse
pueda mi pena.) A estorbar
tu muerte. Dime, si sabes,
dónde está el Rey.

Raquel   No está aquí.

David   No me lo niegues, cobarde.
Mira que importa tu vida.

Raquel   A caza salió esta tarde.

David   Pues, mira que todo el reino
contra ti inquieto se esparce,
contra tu vida amenaza
su cólera, y desiguales,
no respetan de su Rey
las sacras inmunidades.
«¡Muera Raquel!» dicen todos,
y de la Reina mortales
ansias avivan sus celos,
que ausente, más ciegos arden.

Raquel, huye este peligro;
nadie mejor que tu padre
sabrá sacarte del riesgo.
Que, si primero, ignorante
con su queja te maldijo,
ya con su amor te persuade.
Hoy no puede ser mayor
la culpa, pero más grande
puede ser el escarmiento
si aguardas a que te alcance.
¿Qué respondes?

Raquel   No me atrevo
a resolverme.

David   ¿Arriesgarte
quieres a tanto peligro?

Raquel   No juzgo que quiera nadie
así ofender su lealtad.

David   Antes juzgan que, leales,
deben rescatar su Rey,
que tú en tu amor cautivaste,
y dándote a ti la muerte,
la vida pretenden darle.

Raquel   Yo no les quito su Rey.
Su Rey, que quiso quitarme,
es el culpado.

David   ¿Qué importa,

	si en la elección de los males,
	siempre a menor paz sujeta
	la ciega ambición del grande?
	No dudes, vente conmigo.
Raquel	¿Qué es ir? Aunque me mostrases
	más muertes que vidas tengo,
	pues si vivo de adorarle,
	¿qué más muerte que no verle?
	¿Qué más pena que dejarle?
	Alfonso es mi bien. No puedo
	creer que mi mal se llame;
	si por quererle me culpan,
	dichoso delito saben.
	Merezca que lo conozcan,
	y más, que luego me maten.
(Dentro.)	
Voces	Cercad la casa. No quede
	resquicio, puerta ni llave
	que no guarde cuidadosa
	la solicitud más grande.
Raquel	¡Válgame el cielo! ¿Qué escucho?
	Por mis venas se reparte
	un sudor frío. ¡Ay de mí!
David	Ya llega mi aviso tarde;
	ya llegó, Raquel, tu muerte,
	para que mi vida acabe.

(Llora David.)

Raquel	Padre y señor, ¿qué es aquesto?
David	¿Qué ha de ser? Que tus umbrales pisa ya tu desventura en manos de desleales.

(Dentro.)

Voces	¡Muera aquesta encantadora!
David	Toda el alma se me parte.
Raquel	¿Qué ruido es éste? Traidores, ¿así se profana fácil el templo de vuestro Rey? ¿Así rinde el vasallaje feudo que a la reverencia de su adoración profane? ¿Qué es esto? Alfonso el VIII ¿es vivo o muerto, cobardes?

(Salen Álvar Núñez, Garci López y soldados.)

Álvar	Vivo es Alfonso, y Alfonso también es muerto; que iguales efectos de tu malicia, fiera encantadora, nacen. tú nos le robas, y en ti con la vida ha de cobrarse.

Raquel	¿Cómo, cobardes traidores, así os atrevéis a hablarme?
Garci	Ya, Raquel, se acabó el tiempo de temerte y venerarte. Tiene la suma desorden gobierno, y no siempre estable la Fortuna favorece.
Raquel	Decís bien, porque es mudable. Mirad que el Rey...
Álvar	Ya sabemos que no está aquí. Bien distante el término le asegura de que no podrá escucharte.
Raquel (Aparte.)	(¡Qué así Fernando se fuese! ¡Qué así todos me dejasen! Ambición, ¿tú me vendiste? Voluntad, ¿tú me engañaste? Fortuna, ¿ya tu me olvidas? Valor, ¿ya tú no me vales? ¿Nadie en mi favor se alienta? ¡Ay de mí! Sacras deidades, amparad mi desventura. No permitáis que mi sangre, bárbaramente ofendida, mi oscuro sepulcro manche.) ¿Qué queréis de mí?
Garci	¡La vida!

Raquel	¿La vida? Alfonso la guarde.
	Quitadme a Alfonso, si acaso
	la vida queréis quitarme.
	En él la herida ejecuta
	quien contra mí la señale.
	¡No es posible! No es posible
	que vuestra lealtad agravie
	la vida del mejor Rey,
	en el triunfo más cobarde.
	Mas, ¡ay de mí!, que ya veo
	que aquello que mucho vale
	mucho cuesta; mucho quise,
	y así, es bien que mucho pague.
Álvar	Tu culpa busca el castigo.
Raquel	Mi culpa fue solo amarle.
Garci	Tu ambición te precipita.

(Vase Garci López.)

Raquel	No es mucho que me arrastrase.
	¿Que en fin no tiene remedio?
Álvar	Pides el remedio tarde.
Raquel	Sed testigos de mis ansias,
	cielos, hombres, brutos, aves,
	peces, plantas, montes, selvas,
	sed testigos de mis males.
	Hoy muero a manos de Amor,

ley del alma inexorable;
por querer mucho padezco,
consuelo me da el achaque.
¡Ay, Alfonso! ¡Ay, pena justa!
Pues no he de volver a hablarte
otra vez, porque me atiendas,
préstenme orejas los aires
lleven mis quejas los vientos,
digan mis penas las aves,
publiquen mi sentimiento
estos montes y estos valles.
El eco cuando resuene
adonde triste te halle,
te avise de mi desdicha,
Alfonso, el último trance.
Y tú, padre —¡oh, hado injusto—
ya que del cielo irritaste
la justa piedad, no irrites
mi amor con tus impiedades;
no llores, porque me acuerdas
de que otra vez que lloraste
me pusiste en ocasión
de perderme por librarte.
Adiós, señor; que ya voy
a morir.

David   Porque se arranque
el alma con que te miro.
¡Ay, Raquel!

Raquel   ¡Querido padre!

Álvar	Ea, ejecutad el orden, soldados.
David	Fieros cobardes, ¿qué queréis de una mujer? Matadme, ingratos, matadme a mí, y dejadle la vida.
Soldado 1	Mal por ella satisfaces.
Soldado 2	Aparta, caduco hebreo.
Raquel	No le injuries, no maltrates de sus inocentes canas la lástima venerable. Adiós, señor.
David	Apartad.
Garci	¿Qué aguardáis?
Raquel	Alfonso el Grande, vive felices los siglos del fénix, y a las edades eterna tu fama asombre; que yo, si puede llamarse felicidad la desdicha, ostento felicidades, acabando por quererte, muriendo por adorarte.

(Llévanla los soldados a Raquel.)

David   Esperad, enemigos.
       Mas en vano mi enojo en ellos vengo;
       si de aquestos castigos
       yo solo soy el que la culpa tengo,
       yo la vida le quito,
       pues, ¿cómo así el aliento me permito?

(Dentro.)

Raquel   ¡Ay de mí!

David   Ya repite
       del último vaivén el fin postrero,
       y pues que no permite
       mi suerte el golpe de violento acero,
       ¿para qué defendida,
       cielos tenéis mi desdichada vida?
        ¿Para qué quiere el hado,
       entre desdichas y miserias tales,
       guardar un desdichado
       de la muerte, remedio de sus males?
       Mas, bien hace violento;
       que muerto no sintiera, y así siento.

(Salen el Rey y Fernando.)

Rey   Nadie al encuentro nos sale.

Fernando   Ya temo alguna desdicha.
       Allí está David llorando.

Rey	Mal agüero pronostica.

David	¿Adónde, Alfonso el VIII,
	tus torpes pasos inclinas,
	si vas a buscar la muerte
	en los brazos de la vida?
	¿Qué intenta tu ceguedad?
	¿Cómo tu aliento se anima,
	sin mirar que tus afectos
	son de Raquel homicidas?
	Si acaso quieres llorarla,
	en su sepulcro la mira,
	bañada en su misma sangre,
	con que tu pecho encendía.

(Vase David. Descubren a Raquel difunta.)

Rey	¡Ay de mí! ¿Qué es lo que veo?
	¿Quién la acerada cuchilla
	en sus hermosos cristales
	dejó de púrpura tinta?

Fernando	Tus vasallos.

Rey	¡Ay, traidores!
	¿Quién los incitó?

Fernando	Su envidia.

Rey	Bien mi dolor lo esperaba.

Fernando	Bien mi lealtad lo temía.

Rey	Dejadme solo, Fernando.
Fernando	La compasión me retira.

(Vase Fernando.)

Rey ¡Cielos!, ¿por qué consentís
en tan grave alevosía,
una injusticia tan grande,
y que se llame justicia?
Astros, cuyas luces bellas,
brillante pompa del día,
al engaño de la noche
sabéis correr la cortina,
¿cómo consentís que infame
oscura tiniebla fría
los rayos que iluminaban
todo aquello que encendían?
Mi bien, mi dueño, Raquel,
sirviéndote, ¿no respira
mortales ansias el alma
con que espíritus anima?
¿Contigo me dejan solo?
Bien hacen, pues a la activa
aprehensión con que te miro,
es fuerza perder la vida.
No he menester más cuchillo;
esas ondas cristalinas
de tu cuello, salpicadas
de sangriento humor, me sirvan
de golfos en que me anegue;

esas mortales heridas,
que están respirando olores,
contra mí incendios respiran,
y esta mano, que en tu pecho
indicio advierte a mi vista,
la sinrazón del estrago,
señalando la ruina,
sea empeño de mi enojo,
despertador de mis iras.

(Corren la cortina.) ¡Venganza, Amor! Que te ofende
sangrienta mano enemiga.
contra el fuero que adquiriste
en el curso de los días.
Yo de tu parte he de ser,
para volver por la mía,
contra la traidora saña
de mis vasallos; anima
nueva venganza el estrago
de mi lealtad ofendida.
Como Rey, no como amante;
no con pasión, con justicia,
debo volver por el fuero
de mi inmunidad rompida.
No quede vivo ninguno.
Mueran, que así se castiga
quien de mi respeto ultraje
la reverencia precisa.
Y haciéndote juez supremo,
Amor, de su alevosía,
en cóleras, en incendios,
en destrozos, en venganzas,
he de ofrecer a tu pira

de sacrificios humanos
holocaustos y primicias,
viviendo solo para ser fatiga
de quien desprecia tus sagradas iras.

(Sale Calvo.)

Calvo   Y aquí, para que no aguarden,
               se da fin a la Judía
               de Toledo, que pagó
               su desgracia con su vida.

(Vanse.)

Fin de a comedia

Libros a la carta

A la carta es un servicio especializado para
empresas,
librerías,
bibliotecas,
editoriales
y centros de enseñanza;
y permite confeccionar libros que, por su formato y concepción,
sirven a los propósitos más específicos de estas instituciones.

Las empresas nos encargan ediciones personalizadas para marketing editorial o para regalos institucionales. Y los interesados solicitan, a título personal, ediciones antiguas, o no disponibles en el mercado; y las acompañan con notas y comentarios críticos.

Las ediciones tienen como apoyo un libro de estilo con todo tipo de referencias sobre los criterios de tratamiento tipográfico aplicados a nuestros libros que puede ser consultado en Linkgua-ediciones.com.

Linkgua edita por encargo diferentes versiones de una misma obra con distintos tratamientos ortotipográficos (actualizaciones de carácter divulgativo de un clásico, o versiones estrictamente fieles a la edición original de referencia).

Este servicio de ediciones a la carta le permitirá, si usted se dedica a la enseñanza, tener una forma de hacer pública su interpretación de un texto y, sobre una versión digitalizada «base», usted podrá introducir interpretaciones del texto fuente. Es un tópico que los profesores denuncien en clase los desmanes de una edición, o vayan comentando errores de interpretación de un texto y esta es una solución útil a esa necesidad del mundo académico.

Asimismo publicamos de manera sistemática, en un mismo catálogo, tesis doctorales y actas de congresos académicos, que son distribuidas a través de nuestra Web.

El servicio de «libros a la carta» funciona de dos formas.

1. Tenemos un fondo de libros digitalizados que usted puede personalizar en tiradas de al menos cinco ejemplares. Estas personalizaciones pueden ser de todo tipo: añadir notas de clase para uso de un grupo de estudiantes, introducir logos corporativos para uso con fines de marketing empresarial, etc. etc.

2. Buscamos libros descatalogados de otras editoriales y los reeditamos en tiradas cortas a petición de un cliente.